Karin Jäckel

Dein Engel hat dich gern

Schutzengel-Geschichten zum Vorlesen

Mit Bildern von Maria Bogade

KeRLE
Freiburg · Wien · Basel

Inhalt

Der Freundschaftsengel

Hannes, Milena und ihr Schutzengel sitzen auf der gelben Bruchsteinmauer am Spielplatz. Sie schauen die Leute an, die vorübergehen. Wenn jemand kommt, knuffen Hannes und Milena sich mit den Ellenbogen und tuscheln sich zu, dass die Frau dort aber eine lange Hexennase oder der Mann da ein krummes Kohlblattohr habe. Das macht Spaß.

Nur manchmal, wenn sie ein bisschen zu vorlaut sind, hält ihnen der Schutzengel schnell den Mund zu.

„Siehst du die da?", fragt Hannes plötzlich und zeigt mit dem Finger nach links.

„Die starrt schon die ganze Zeit her zu uns", antwortet Milena.

„So 'ne Kopftuchzicke", sagt Hannes. „Kopftuchzicken sind doof."

„Wieso?" Milena schaut genauer zu dem fremden Mädchen hin. „Die sieht doch ganz lieb aus", widerspricht sie. „Bestimmt ist sie nett."

„Nett …? Lieb …? Die …?" Hannes lacht und streckt dem fremden Mädchen von gegenüber die Zunge heraus. „Ausländer sind blöd."

Milena schaut ihn verwundert an. „Meine Oma ist auch Ausländerin und überhaupt nicht blöd. Sie kommt aus Tschechien. Und mein Name ist auch aus Tschechien. Er bedeutet ‚Lieber Sonnenschein‘.“

Hannes weiß nicht, was er sagen soll. Er findet Milenas Oma toll. Sie backt den besten Mohnkuchen der Welt. Und Milena ist ein schöner Name. Aber er will nicht nachgeben. Deshalb stampft er mit dem Fuß auf und ruft: „Ausländer sind trotzdem blöd. Mein Papa muss es ja wohl wissen.“

„Und mein Papa sagt, jeder ist mal Ausländer. Wenn wir im Sommer in die Türkei fahren, zum Beispiel. Dann sind wir auch Ausländer“, hält Milena dagegen.

Nachdenklich schauen sie wieder zu dem Kopftuchmädchen hinüber. Manchmal blickt es zurück. Wenn ihre Augen sich treffen, sehen alle drei schnell weg.

Der Schutzengel spürt genau, was in den Kindern vorgeht. Er kann ja Gedanken lesen und die heimlichsten Gefühle

verstehen. Daher weiß er, dass Hannes nur dummes Zeug nachgeplappert hat, das er von anderen aufgeschnappt hat, und dass Milena heimlich grübelt, wie sie das Mädchen am besten ansprechen könnte. Sie ist nur ein wenig schüchtern und traut sich nicht.

Der Schutzengel lächelt. Und wie immer, wenn Engel lächeln, werden in den Herzen der Menschen schöne Gefühle wach. Deshalb hat das fremde Mädchen auf einmal große Lust, Milena lächelnd anzuschauen und ihr zuzublinzeln, anstatt jedes Mal wegzusehen, wenn sich ihre Blicke treffen.

Und Milena ruft fröhlich: „Hey, guck mal, Hannes, die ist wirklich ganz nett."

„Von mir aus", meint Hannes. „Vielleicht kommt sie ja aus Hinterbrimborien in Kakadusien, wo die schönen Frauen Wasserpfeife rauchen und die Katzen mit dem Schwanz bellen."

„Quatsch", ruft Milena und winkt dem fremden Mädchen, zu ihnen zu kommen.

Dieses zögert ein wenig. Doch der Schutzengel stärkt den Mut. Und so geht das fremde Mädchen auf die Freunde zu. Dicht vor ihnen bleibt es stehen und hält ihnen eine Stange Kaugummi entgegen. Hannes und Milena greifen gleichzeitig zu. Ihre Hände treffen sich, und die Kaugummis fallen zu Boden.

„Verflixt!", sagt Hannes und will sich schnell bücken, doch das fremde Mädchen ist schneller. Und schon stoßen ihre Köpfe zusammen.

„Entschuldigung!", ruft Hannes. „Das wollte ich nicht."
„Macht nix", grinst das fremde Mädchen und greift sich an
das Kopftuch. Dabei spricht es absichtlich falsch: „Ist sich
Dickkopf von Königin von Kakadusien drunter mit echte
Haar von bellende Schwanzkatze."
Lachend wickeln sie die Kaugummis aus und ziehen zusam-
men los. Einer rechts und einer links, einer in der Mitte. Und
der Schutzengel fliegt unsichtbar mit ihnen mit.

Mein Schutzengel und ich sind ein starkes Gespann

Mein Schutzengel und ich sind
ein starkes Gespann,
solange ich atmen und denken kann.
In seinen Armen bin ich geborgen,
denke mit Zuversicht an jeden Morgen.
In meiner Seele kann ich ihn spüren
und lasse mich gern von ihm leiten und führen,
wenn ich um Rat und Kraft ihn frage
und gemeinsam mit ihm auch Schweres ertrage.
Ich bin nicht allein, ist mein Engel bei mir,
der mir allzeit verspricht: „Ich helfe dir."
Mein Schutzengel und ich sind einander gut.
Das gibt mir Fröhlichkeit und Mut.

Der Vertrauensengel

„Pass auf dich auf!", rief die Mutter ihm nach, als Tobi mit seinem Schlitten zur Rodelwiese loszog.

„Ja!", winkte er zurück.

Der Weg war nicht weit. Ein paar Kinder sausten schon den eisverkrusteten Hang hinunter, als Tobi ankam. „Juchhu!", schrien sie übermütig. „Bahn frei!"

Tobi setzte sich auf seinen Schlitten und schaute ihnen ein bisschen zu. Die Großen hatten die Bahn wieder einmal scharf gemacht. Abends schütteten sie Wasser über den Abhang, das über Nacht gefror. Auf dem Eis zischten die blank geschliffenen Schlittenkufen nur so dahin.

Tobi wollte auch gern rodeln. Aber erst ein paar Tage zuvor war er mit dem Schlitten gegen einen der Bäume gefahren, die weiter unten am Rodelhang standen. „Gott sei Dank, dass du einen starken Schutzengel hast!", hatte der Vater gerufen, als er den zerbrochenen Schlitten wieder flickte. „Aber pass bloß auf, dass du nie schneller fährst, als dein Schutzengel fliegen kann."

Tobi hatte es ihm versprochen. Und nun war das Eis noch dicker und rutschiger als neulich.

„Eis ist doof", flüsterte Tobi. Und genau in diesem Moment spürte er, wie sein Schutzengel kam und sich schweigend hinter ihm auf den Schlitten setzte. Es fühlte sich an, als hätte ein mächtiger Riese beide Arme um ihn gelegt.

Natürlich wusste Tobi, warum sein Schutzengel schwieg. Würde er nur ein Wort sprechen, würde seine Engelsstimme über die ganze Welt klingen. Mindestens aber über die ganze Rodelwiese. Dann wüsste jeder, Tobi hat seinen Engel mitgebracht. Und das durfte keiner wissen.

Trotzdem spürte Tobi, dass der Schutzengel das Eis gar nicht doof fand. Im Gegenteil, er fand es sogar ganz toll. Tobi merkte im Nacken, wie ihn der Engel anschaute. Er schaute ungefähr so sehnsüchtig wie Tobi, wenn der bei 30 Grad im Schatten kein Geld für ein Eis hatte.

„Vertrau mir", flüsterte der Schutzengel plötzlich mit einer Stimme, die nur Tobi hören konnte. „Fahr einfach los, ich halte dich."

Tobis Füße gehorchten ganz von allein. Aber dennoch wäre er wohl im Schnee stecken geblieben, der die Wiese überall da bedeckte, wo kein Wasser ausgeschüttet worden war, hätte der Schutzengel nicht mit seinen Flügeln tüchtig Schwung geholt. Und auf einmal fuhren sie los.

Die ganze Zickzackbrausefahrt lang lachte und jubelte der Schutzengel auf dem Schlitten. Und Tobi lachte und jubelte ganz laut mit. Er lenkte den Schlitten mit den Stiefelabsätzen über das Eis und über die holprigen Bodenwellen. Der Schutzengel steuerte ihn zwischen den drei Bäumen hindurch, bis der Schlitten schließlich in einem weiten Bogen auf der flachen Wiese auslief und stoppte. Gerade so, als hätte Tobi das alles schon tausend Mal gemacht.

„Bleib nur sitzen", sagte er stolz zu seinem Schutzengel, als er
mit einem komisch weichen Gefühl in den Beinen vom Schlitten abstieg. „Ich ziehe dich."

Da machte sich der Schutzengel so leicht wie zehn Schnee-
flocken und sprach kein Wort mehr. Tobi wusste trotzdem, dass er da war. Das war schön.

Ein Engel,
der für dich wacht

Schlaf, mein Kind, und träume.
Träume sind nur Schäume,
sind nur Seifenblasenkringel,
die ein lieber Engel macht,
der im Himmel für dich wacht.

Schlaf, mein Kind, und träume.
Träume sind nur Schäume,
die der Nachtwind mitgebracht,
der durch Bäume weht und Hecken,
leise, um dich nicht zu wecken.

Schlaf, mein Kind, und träume.
Träume sind nur Schäume.
Keiner darf im Schlaf dich schrecken,
denn dein Engel hat dich gern,
schickt zum Gruß dir einen Stern.

Der Trau-dich-Engel

„Anna hat zwei linke Hände", sagt Onkel Rudi.
Damit meint er, dass Anna besonders un-
geschickt ist. Ihre beiden Hände lassen oft
etwas fallen, können keine Schuhbänder
knoten, keine Schleife binden, nicht
den richtigen Lichtschalter finden,
schneiden sich an stumpfen Scheren und
bemalen sich selbst anstatt das Zeichenpapier.
Anna schämt sich, zwei linke Hände zu haben. Deshalb steckt
sie beide am liebsten in die Hosentaschen. „Dann kann nichts
passieren", denkt Anna und ist froh, dass sie immer Hosen
oder Röcke mit Taschen trägt.
Auch Frau Bechtel aus dem Kindergarten hat schon bemerkt,
dass mit Annas Händen etwas nicht stimmt. „Warum ver-
steckst du deine Hände denn in den Hosentaschen?", hat sie
gefragt und Annas Hände in ihre eigenen Hände genommen.
„Du hast so hübsche, warme Hände, richtige Streichelhände."
Aber Anna hat nur den Kopf geschüttelt und die Hände
schnell wieder versteckt. Frau Bechtel hat Anna ein bisschen
in den Arm genommen. Anna hat sich ein wenig an Frau
Bechtel gekuschelt. Das war schön.
Am nächsten Morgen passiert es: Frau Bechtel sagt: „Kinder,
heute machen wir etwas ganz Schönes. Heute wollen wir
zusammen Pizza backen. Und dann essen wir alle miteinander
zu Mittag."

„Ja, ja, ja!", rufen die Kinder und freuen sich. Sie hüpfen lachend herum, reden alle durcheinander und sind ganz aufgeregt. Auch Anna. Sie hat noch nie selbst gemachte Pizza gegessen. Und als Frau Bechtel jedem Kind eine Kugel Hefeteig gibt, aus der eine schöne runde Pizza geformt werden soll, vergisst Anna vor lauter Aufregung beinahe, dass sie zwei linke Hände hat. Es fällt ihr erst wieder ein, als ihre Pizza einfach nicht rund werden will, sondern immer und immer einen schiefen Zipfel hat.

„Kannst sie ja mir geben", sagt Hannes, als Anna mit den Füßen aufstampft, weil die blöde Pizza einfach nicht rund werden will. „Ich mach sie für dich."

„Von mir aus!", ruft Anna und möchte am liebsten fortlaufen.

In diesem Moment ruft Frau Bechtel: „Anna, deck doch bitte schon den Tisch."

Den Tisch decken? Teller und Tassen auftragen? Bestimmt wird etwas herunterfallen und kaputtgehen. Anna erschrickt. „Nein", ruft sie laut. „Das kann ich nicht." Aber Frau Bechtel lacht nur.

Die anderen Kinder sitzen schon am Tisch und warten auf die Pizza. „Es riecht gut", stellt Max fest. Marlene klettert über die Bank und schaut durch die Glastür in den Pizzaofen.

„Der Teig blubbert", kichert sie, „blubbel-blubbel-blubbel."

Das hört sich lustig an, und alle machen es gleich nach.

Keiner schaut zu Anna hin, die langsam die Tischdecke über

dem Tisch ausbreitet und alle Falten aus dem bunt bedruckten Stoff ausstreicht. Genau, wie sie es bei der Mutter zu Hause gesehen hat. Anna zittert vor Aufregung. Aber schließlich ist keine einzige Knitterfalte übrig.

„Toll!", sagt Hannes, der es kaum noch erwarten kann, bis er endlich Pizza essen kann. „Ich hol das Besteck."

Anna merkt, dass Frau Bechtel zu ihr herüberschaut. „Du schaffst das schon", lächelt sie und nickt Anna zu. „Gleich können wir essen."

Anna fühlt, wie ihre zwei linken Hände ganz feucht werden.

„Wenn du dich nicht traust, musst du deinen Schutzengel bitten, dass er dir hilft", hat die Oma neulich zu ihr gesagt, als sie ihr eine Gutenachtgeschichte vorgelesen hat, in der ein armes Kind sich im Wald verlaufen hatte und von einem Engel wieder nach Hause gebracht wurde.

„Ach, Oma, Schutzengel gibt es doch gar nicht", hat Anna gemeint. „Ich hab noch nie einen gesehen."

„Du warst auch noch nie in Amerika", hat die Oma geantwortet. „Und trotzdem gibt es Amerika."

„Stimmt!", hat Anna gesagt und das Bild von dem schönen Engel in ihrem Gutenachtgeschichtenbuch angeschaut.

„Hat denn wirklich jedes Kind einen Schutzengel?", hat sie die Oma gefragt. „Auch wenn man ihn nie sieht?"

„Ganz bestimmt", hat die Oma geantwortet.

Anna schiebt ihre zwei linken Hände ganz fest zusammen.

„Lieber Schutzengel, bitte, mach, dass ich es schaffe!", betet sie leise in ihrem Kopf. „Bitte, bitte, lieber Schutzengel, hilf mir!"

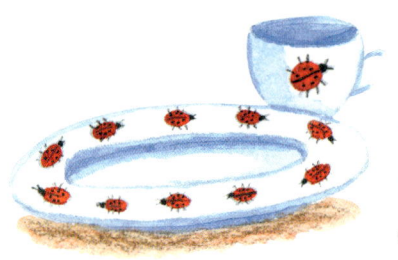

Und dann macht sie die Türen des Kindergartenküchenschranks auf, wo die Teller mit den Marienkäfern stehen, die Anna so niedlich findet. Zum Glück ist der Kindergartenküchenschrank nicht so hoch wie der Hängeschrank bei Anna zu Hause, wo sie immer eine kleine Leiter braucht, um ein Glas herauszuholen. Und die Teller stehen auch gleich vorn. Ganz vorsichtig nimmt Anna den ersten Teller heraus und geht damit zum Tisch. Anna stolpert nicht. Der Teller fällt nicht herunter. Wie von selbst stellt sie ihn auf den Tisch. Und schon drehen sich Annas Füße um, damit sie den nächsten Teller aus dem Schrank abholen kann. Und noch einen und wieder den nächsten, bis nur noch zwei übrig sind. Einer für jede Hand.

„Soll ich dir helfen?", fragt Hannes, der schon fast alle Messer und Gabeln ausgeteilt hat.

„Ach, nein, danke", sagt Anna. „Ich schaff das schon!" Und tatsächlich, kein einziger Teller zerbricht. Schön weiß, mit roten Marienkäferchen, die klimperklein um den ganzen Tellerrand laufen, stehen sie da und warten nur noch auf die Pizza.

„Danke, lieber Schutzengel!", flüstert Anna und klatscht vor Freude in die Hände. Und auf einmal sieht sie, dass sie ja gar keine zwei linken Hände hat. Sie hat eine linke und eine rechte Hand, genau wie alle anderen Kinder auch.

Engelsküsse

Blumen haben liebe Gesichter.
Sie duften und strahlen wie Kerzenlichter.
Du sollst sie nicht brechen,
nicht reißen und schneiden,
denn in ihrem Innersten würden sie leiden.
Erfreu dich daran, wie sie leuchten und blühen
und in tausend Farben vom Sonnenlicht glühen.
Blumen sind Küsse, die Engel uns schicken,
wenn sie vom Himmel zur Erde blicken.

Der Gewissensengel

Wie in jedem Jahr endet das Schuljahr an der Anne-Frank-Grundschule auch diesmal mit einem Fußballspiel um den Klassenpokal. Erwartungsvolle Stille setzt ein, als Herr Kratzewil, der Sportlehrer, den alle nur Karate-Willi nennen, auf den Rasenplatz tritt.

„Anpfiff für den Fußballpokal des Jahres!", ruft er und klatscht kräftig in die Hände. „Es spielen die gelben Löwen der Klasse 3a gegen die blauen Delfine der 3b. Applaus für die Mannschaften!"

„Yeah, yeah, yeah!", kreischen die Fans im Publikum.

„Applaus für die Kapitäne. Florian Keller von den Löwen und Alexander Löblich von den Delfinen."

„Flori, Flori, Flori!", brüllen die Fans der Löwen.

„Alex, Alex, Alex!", rufen die Fans der Delfine dazwischen. Karate-Willi hebt beschwichtigend die Hände. „Applaus für den Schiedsrichter! Applaus für unseren Schiri Moritz Bär aus der 4a."

Pfiffe, Trampeln, Klatschen, Rufe – der Beifall dringt bis in den Umkleideraum, wo die Spieler der beiden Mannschaften ein letztes Mal die Schnürsenkel binden, einmal noch ihre Stollenschuhe kontrollieren, nervös auf und ab laufen oder ganz still vor sich hin schauen. Keiner achtet auf Alex, den Mannschaftskapitän der blauen Delfine, und Moritz, den Schiedsrichter.

„Wenn du keinen Ärger haben willst, dann lässt du meine Delfine heute gewinnen!", murmelt Alex und schaut Moritz drohend an. „Entweder du pfeifst heute für uns, oder …"

„Oder was?", flüstert Moritz und fühlt ein merkwürdiges Drücken im Magen.

Alex grinst. „Oder ich sag' allen, dass du mir Geld geklaut hast."

Moritz springt auf. „Aber das stimmt doch gar nicht." Beinahe hätte er geschrien.

„Ja, und?", murmelt Alex und grinst erneut, als würden sie sich Witze erzählen. „Aber wenn ich es sage, glauben es alle."

„Das ist Erpressung", stottert Moritz. „Ich kann doch das Spiel nicht falsch pfeifen. So was Gemeines mach ich nicht."

„Dann wirst du schon sehen, was du davon hast", nuschelt Alex und lässt Moritz stehen.

Moritz möchte am liebsten heulen. „Was soll ich denn jetzt bloß machen?", grübelt er. Alex ist in der ganzen Schule beliebt. Wenn er behauptete, Moritz habe ihn bestohlen, würden es alle glauben. Keiner würde dann noch etwas mit so einem Dieb zu tun haben wollen. „Ich muss für die Delfine pfeifen", denkt Moritz.

„Nein", flüstert es in diesem Moment in seinem Kopf. „Das darfst du nicht. Das ist falsch."

Moritz weiß genau, wer da spricht. Es ist sein Schutzengel, der aufpasst, dass er nichts Böses tut.

„Immer, wenn du etwas Falsches tun willst, ist er da und warnt dich", hat die Mutter erklärt. „Jeder Mensch hat einen Schutzengel. Aber viele wollen ihn nicht hören. Gib acht, dass du es besser machst und immer gut aufpasst, was dein Engel dir sagt."

Plötzlich öffnet Karate-Willi die Tür. „Auf geht's, Jungs!", ruft er in den Umkleideraum. Gleich drängeln sich alle Spieler hinaus auf den Platz.

Schnell stellen sie sich zu beiden Seiten des Fußballfeldes auf. Rechts die gelben Löwen der 3a, links die blauen Delfine der 3b. Moritz, der Schiedsrichter, steht mit den beiden Kapitänen in der Mitte. Er muss eine Münze werfen, um die Feldhälften für die Mannschaften zu bestimmen.

„Anstoß für die blauen Delfine", ruft Moritz, als er die Münze aufhebt.

Alex blinzelt ihm zu, als hätte Moritz die Münze mit Absicht so geworfen, dass seine Mannschaft den ersten Schuss hat. Mit voller Kraft kickt er den Ball über das Feld.

Die Spieler hetzen in Zickzacksprüngen und steilen Geraden über die Flügel und durch die Mitte. Sie dribbeln und spurten, kicken und tricksen. Aufgeregt drücken die Fans am Rand des Spielfeldes ihrer Mannschaft die Daumen. Lautstark feuern sie ihre Lieblingsspieler an. Die

Ersatzspieler auf den Bänken fiebern mit denen auf dem Feld. Bei jedem falschen Tritt gegen das Leder stöhnen sie auf oder schlagen die Hände vor das Gesicht und wollen gar nicht mehr hinschauen.

„Da!" Plötzlich ist es passiert. Ein blauer Delfin aus Alex' Mannschaft stößt den Ball in die Nähe des eigenen Tores. Der kleine Linksaußen der gelben Löwen nimmt den Ball an und tritt ins Leder. Zu fest oder zu schief, wer weiß das schon? Der Ball driftet ab. Schon scheint der Treffer verloren. Da! In letzter Sekunde schwingt Mannschaftskapitän Florian sich in die Fluglinie, vor den blauen Delfin, der ihn abdrängen will, nimmt den Ball mit dem Kopf ab, schießt und …

„Tor!", rast das Publikum. „Tor!"

„1 : 0 für die gelben Löwen!"

Begeistert rennen die Mannschaftsfreunde der Gelben auf Florian zu. Umarmungen, Haarstrubbeln, Schulterklopfen, Bocksprünge. Wie die berühmten Nationalspieler umjubeln sie ihren Champion.

Nur die blauen Delfine jubeln nicht. „Foul!", brüllt Alex und boxt wütend in die Luft. „Handspiel! Schiri! Pfeif doch! Foul! Foul!"

Aber es war kein Foul. Moritz hat es genau gesehen. Doch er sieht auch, wie

Alex die Faust ballt. Er weiß, was gemeint ist. Zögernd greift er nach der Trillerpfeife. Soll er wirklich ein Foul pfeifen?

„Tu's nicht! Tu's nicht!", ruft der Schutzengel in Moritz' Kopf.

Und plötzlich merkt Moritz, dass keiner auf Alex achtet. Das Spiel geht schon weiter. Ehrgeizig greifen die blauen Delfine an. Geschlossen schirmen sie Florian, den gefährlichsten Torschützen der gegnerischen Mannschaft, ab. Im Zickzack kicken sie sich den Ball zu. Doch kaum hat Alex den Ball erwischt und treibt ihn über das Feld in den gelben Torraum, trickst Florian die blauen Delfine wieder aus.

„Flori vor! Noch ein Tor!", schreit das Publikum.

In letzter Sekunde grätscht Alex dazwischen, stößt hinterlistig sein Bein vor. Florian kann nicht mehr ausweichen. Er stolpert. „Au!" Mit schmerzverzerrtem Gesicht fliegt er über den Rasen, schlittert ein Stück übers Gras und bleibt liegen.

„Buh!", ruft das Publikum. „Buh!"

„Foul!", wie von selbst schreit Moritz auf und stößt laut in die Trillerpfeife. „Gelbe Karte für Alexander! Elfmeter für die gelben Löwen!"

„Nix da! Das war kein Foul.

Der Schiri spinnt doch!", schimpft Alex. Doch Moritz bläst nur noch lauter in die Trillerpfeife und hält die gelbe Karte hoch. In seinem Kopf hört er den Schutzengel lachen. Und dieses Lachen ist so besonders und so schön, dass Moritz mitlachen muss.

Karate-Willi streicht Florian etwas kühlende Salbe auf das Knie. Zwei Mal tief durchatmen, Florian rappelt sich auf, spurtet zurück aufs Feld. Die Kratzer und blauen Flecken werden morgen gezählt.

Schon rückt die Mannschaft der blauen Delfine wie eine Mauer vor ihrem Torraum zusammen. Ein kurzer Blickwechsel zwischen den Spielern der gelben Löwen. Florian soll schießen. Alle wissen, was sie zu tun haben.

Sorgfältig legt Schiri Moritz den Ball auf den Elfmeterpunkt. Konzentriert nimmt Florian Anlauf, legt alle Kraft in die Fußspitze und – Schuss! Genau in das Tordreieck der blauen Delfine. Ihr Tormann hatte keine Chance.

„Tor! Tor! Tor! 2:0 für die gelben Löwen!" Die Fans der gelben Löwen sind außer Rand und Band. Die Fans der blauen Delfine ärgern sich.

Doch zum langen Jubeln oder Kopf-hängen-Lassen bleibt keine Zeit. Schon wieder durchbricht ein gelber Stürmer die Abwehr der blauen Delfine und jagt in die Schusslinie.

„Yeah! Yeah! Yeah!", toben die Fans der Gelben am Fußballfeldrand.

„Delfine, Delfine!", rufen die Fans der Blauen. Sie wollen endlich Ausgleichstore sehen.

Alex sieht rot. „Wir verlieren", denkt er. „Gleich wird der Gelbe den Ball mit einem Querschuss ins Feld zurücktreten." So fest er kann, wirft er sich mit einem Satz gegen den gelben Stürmer und stößt ihm den Ellenbogen in den Bauch. Der Gegner knickt schmerzhaft zusammen.

Ungehindert zieht der blaue Rechtsaußen nun seinen Schuss durch und knallt den Ball ins Netz der gelben Löwen.

Begeistert tanzen und klatschen die Fans der blauen Delfine. Jubelnd umringen die Mannschaftsspieler ihren Meisterschützen. „2:1 nur noch. In der zweiten Halbzeit kann's klappen." Diesmal schimpfen nur die gelben Löwen und ihre Fans.

„Foul! Buh! Buh!" Schiri Moritz zögert. Soll er das Foul durchgehen lassen?

Der gestürzte Stürmer der gelben Löwen liegt immer noch am Boden. Der Stoß in den Magen hat wehgetan. Er kann nicht aufstehen. Karate-Willi rennt mit seinem Erste Hilfe Köfferchen herbei. „Spielerwechsel!", schreit er und winkt zur Ersatzbank hinüber.

Da reckt Moritz, der Schiedsrichter, entschlossen die rote Karte in die Luft und pfeift. „Rote Karte", ruft er, „Platzverweis für Kapitän Alexander Löblich!" Alex starrt Moritz an, als hätte er ein Gespenst gesehen.

Für einen Augenblick wird es ganz still auf dem Platz, als der gelbe Stürmer verarztet wird und sich auf die Reservebank setzen muss, während ein neuer gelber Spieler auf den Platz spurtet und Alex wegläuft, auf die Sporthalle zu. Dann bricht der Trubel wieder los. Ohne ihren Mannschaftskapitän ist das Spiel für die blauen Delfine doppelt schwer. Trotzdem kämpfen sie tapfer weiter. Am Ende ruft Karate-Willi die gelben Löwen mit 2 : 1 als Pokalsieger aus.

Obwohl Alex die Finger in die Ohren gestopft hat, kann er den Jubel hören. Als würde er aus einem Traum erwachen, beginnt er sich zu schämen. „Wenn Moritz mich verpetzt", denkt er, „wie stehe ich dann da?" Er versteht sich selbst

nicht mehr. Was war bloß mit ihm los? Wie konnte er sich nur so unfair benehmen? Alex spürt, wie sein Herz klopft. Sicher will keiner aus der Klasse mehr etwas mit ihm zu tun haben, wenn sie erfahren, was er getan hat. „Garantiert wird Moritz es ihnen sagen", denkt Alex und hat auf einmal große Angst. Er kann nicht hören, was der Schutzengel in Moritz' Kopf sagt. Nur Moritz kann die schöne, sanfte Stimme vernehmen, die ihm erklärt, dass jeder mal einen Fehler macht. Alex merkt nur, dass Moritz tief durchatmet, als der den Umkleideraum betritt und ihm den Fußball zuwirft, auf dem alle Pokalspieler mit ihrem Namen unterschreiben sollen. „Du fehlst noch!"

Alex wird ganz rot, als er: „Ja, gut!", stottert und staunt noch mehr, als Moritz ihn fragt: „Vertragen wir uns wieder?" Beschämt ergreift er Moritz' ausgestreckte Hand. Und dann schreibt er seinen Namen direkt neben Moritz' Namen auf den Fußball. Zur Erinnerung.

„Sichst du!", flüstert der Schutzengel in Moritz' Kopf. Niemand außer ihm kann es hören und keiner kann sein wundersames Engelslächeln sehen. Doch es ist so ansteckend, dass Moritz gar nicht anders kann, als mitzulächeln.

Vom Schutzengel ein Segen

Seifenblasen, rund und bunt,
steigen auf und schweben,
fliegen mit dem Sommerwind
hoch, dem Licht entgegen.
Berührst du sie,
zerplatzen sie,
ein kleiner Ball aus Regen,
vom Schutzengel ein Segen.

Der Traumengel

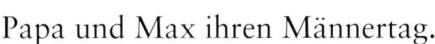

Einmal im Jahr nehmen sich
Mama und ihre Freundin
Eva ihren Frauentag und
Papa und Max ihren Männertag.
Mama und Eva machen dann einen Ausflug und kommen
erst am nächsten Tag wieder. Papa und Max bleiben allein zu
Hause.
Diesmal fahren Papa und Max am Männertag Skateboard
auf der neuen Skaterbahn im Stadtpark. Anschließend zim-
mern sie ein kleines Baumhaus im Kirschbaum. Als sie zwi-
schendurch Hunger bekommen, grillt Papa Hähnchenschen-
kel und backt Pommes im Backofen. Max putzt den Salat.
Danach bauen sie das Baumhaus fertig. Am liebsten würde
Max gleich darin übernachten. Aber Papa will lieber im Bett
schlafen. Und allein darf Max nicht über Nacht im Baumhaus
bleiben.
„Schade!", meint Max. Aber als sie abends zusammen kuscheln und ein bisschen fernsehen, findet er es auf dem weichen Sofa auch gemütlicher als auf dem harten Bretterboden
im Baumhaus.
Als die alte Standuhr im Wohnzimmer neun Mal schlägt und
Papa den Fernseher ausschaltet, ruft Max: „So 'ne olle Zwie-
bel. Die geht doch nach dem Mond."
Aber Papa lacht nur. „Bettzeit ist Bettzeit, Max. Auf geht's
zum Matratzenhorchdienst. Und zwar ohne Lirilari."

„Aber mit Safari", reimt Max, weil
sie das immer so machen, und streckt
Papa die Arme entgegen. „Trägst du
mich heute huckepack?"

„Nur, wenn du nicht noch zehn Mal aus
dem Bett steigst", willigt Papa ein.

„Nur, wenn ich heute bei dir im Bett schlafen darf", verlangt
Max.

Papa traut seinen Ohren nicht. „Wieso das denn?"

„Weil in meinem Bett einer ist", flüstert Max. „Wenn ich
schlafe, kommt er."

Papa legt den Arm um Max. „Und wer ist das?"

„Der Buh-Mann", wispert Max. „Zu Theo kommt er auch."

Papa schüttelt den Kopf. „Buh-Männer gibt es nicht."

„Wenn es ihn aber doch gibt?"

„Dann weiß ich einen guten Rat", sagt Papa.

Max kann Papas Herz hören. Es schlägt ganz ruhig und fest.
„Und welchen?", fragt er.

„Den vom Schutzengel", erklärt Papa. „Den hat mir mein
Opa verraten. Der wusste ihn von seinem Opa und der
wieder von seinem Opa und der hatte ihn bestimmt auch
von seinem Opa."

„Und wie geht der?", will Max wissen.

„Wenn man zu Bett geht, streut man etwas Zucker für seinen Schutzengel aufs Fensterbrett und wünscht sich von ihm
einen schönen Traum aus der Traumwerkstatt." Papa drückt
Max ein wenig fester.

Von einer Traumwerkstatt
hat Max noch nie gehört.
Aber Papa kennt sie ge-
nau. „Die Traumwerk-
statt", erzählt er, „ist in
einem großen Fesselballon
untergebracht, der jede
Nacht über den Himmel
schwebt. Unter dem Fesselballon hängen fünf Körbe, einer
unter dem anderen. Darin sitzen
viele Engel. Die allerkleinsten
Engelchen sind ganz oben. Sie
fangen die Mondstrahlen ein
und binden sie zu silbernen Pinseln
zusammen. Die etwas größeren
Engel sitzen im Korb darunter
und schütteln die Sterne,
bis feinster Sternenstaub
herunterrieselt. Den fan-
gen die Engel auf, die im
dritten Korb sitzen.
Unter ihnen, im
vierten Korb,
sitzen wie-
der etwas
größere

Engel und mischen den Sternenstaub zu regenbogenbunten Glitzerfarben. Zuletzt sind die großen Traummalerengel an der Reihe, die ganz unten im fünften Korb sitzen und Traumbilder malen, eines immer herrlicher als das andere. Sobald ein Schutzengel kommt, schenken sie ihm so ein schönes Traumbild."

„Und dann?", überlegt Max.

„Der Schutzengel schwebt damit ins Kinderzimmer", erklärt Papa. „Und gleich kann das schöne Träumen losgehen."

„Echt?", wundert sich Max.

„Klar", nickt Papa. „Und wenn man etwas Schönes träumt, bekommen Buh-Männer so große Angst, dass sie abhauen. Auf Nimmerwiedersehen."

„Und das klappt immer?", fragt Max.

„Immer und ewig", verspricht Papa.

„Gut!", freut sich Max und streut schnell einen Teelöffel Zucker aufs Fensterbrett, für seinen Schutzengel. Und dann macht er die Augen zu und wünscht sich einen Traum aus der Traumwerkstatt. Einen besonders schönen.

Wirst geführt von Engelshänden

Spiele fröhlich ohne Sorgen,
Kindlein, in des Lebens Morgen!
Wirst geführt von Engelshänden,
die das Böse von dir wenden.
Wirst bestrahlt von Himmelsschein
als des Heilands Blümelein.

Volksgut

Der Mutengel

Gretas Mutter lag krank im Bett. „Greta", bat sie, „lauf rasch zur Apotheke. Ich brauche ganz dringend Tabletten gegen Erkältung und Fieber."
Greta blickte die Mutter aus großen Augen an. Die Apotheke befand sich mitten im Ort. Greta und die Mutter aber wohnten am Ortsrand.

Wenn man zur Apotheke wollte, musste man einige Minuten zu Fuß durch einen kleinen Waldpark laufen. Außerdem schneite es in dicken Flocken. „Kann das nicht die Oma machen?", fragte Greta.

Die Mutter hustete und schüttelte den Kopf. „Oma ist heute mit ihren Freundinnen in der Stadt und kommt erst spät zurück. Bestimmt gehen Mia und Ben von nebenan mit dir. Es ist ja nicht weit. Und beeilt euch ein bisschen, damit ihr vor Einbruch der Dunkelheit zurück seid." Dabei hustete sie so laut und sah so blass und schwach aus, dass Greta nichts mehr einwandte, sondern schnell in ihren warmen Schneeanzug schlüpfte und loszog.

Als sie zu den Nachbarn stapfte, um ihre Freunde Ben und Mia zu fragen, ob sie mitkämen, sah sie beide mit ein paar anderen Kindern zusammen um die Hausecke biegen. Leon war bei ihnen. Leon, der sich immer wichtig machte, weil er zwei Jahre älter und der Stärkste von allen war.

„Hey Gretchen, Angstmädchen!", rief er und lachte. „Wohin willst du?"

Greta biss sich auf die Lippen. Diesen Spottnamen hörte sie nicht zum ersten Mal. Es stimmte, sie war nicht besonders mutig. Große Hunde, fremde Leute, das Wäldchen im Park, alles machte ihr ein bisschen Angst. Aber musste Leon deshalb immer sticheln? Sie versuchte, sich nicht anmerken zu lassen, wie gemein sie es fand, ausgelacht zu werden. „Ich muss zur Apotheke", antwortete sie. „Meine Mutter ist krank." Sie schaute Ben und Mia an. „Kommt ihr mit?"

Ehe die Freunde antworten konnten, fragte Lukas, der sich bei Leon einschmeicheln wollte: „Weißt du eigentlich, dass heute Geistertag ist? Und dass man im Park einen Zauberspruch braucht, um sie zu verjagen?"

Greta wurde blass. „Nein", flüsterte sie. „Kennst du einen?"

„Und ob!", prahlte Leon. „Wenn du im Park bist und etwas knacken hörst, musst du sofort stehen bleiben und den Spruch laut aufsagen. Dann denkt der Geist, du bist auch ein Gespenst und lässt dich in Ruhe."

„Und wie heißt der Zauberspruch?", fragte Greta.

„Hört doch auf! Lasst den Quatsch!", wollte Ben rufen. Doch Leon nahm Ben in den Schwitzkasten und murmelte laut in Gretas Ohr, sodass alle anderen Kinder es hören konnten: „Der Zauberspruch heißt Eng-scheng-beng."

„Eng-scheng-beng", wiederholte Greta. „Eng-scheng-beng!"

Sie vergaß Ben und Mia. Sie vergaß sogar Leon, Lukas und die anderen. Nur „Eng-scheng-beng!" konnte sie denken, als sie losrannte, um so schnell wie möglich die Medizin für ihre Mutter zu holen und wieder zu Hause zu sein. Dass Leon Mia und Ben in den Schnee geworfen hatte und Lukas den anderen Kindern winkte, mit ihm zusammen hinter ihr her in den Park zu rennen, sah sie nicht mehr.

Der Parkweg zwischen den Anlagen war sauber frei geräumt worden. Zu beiden Seiten erhoben sich fest geklopfte Schnee-hügel. Greta kannte den Weg und das Wäldchen im Park auswendig. Früher hatte die Mutter sie hier zum Kindergar-ten gebracht, jetzt ging Greta ihn jeden Tag mit den Nach-barskindern zur Schule und zurück. Doch diesmal war alles anders. Kaum war sie einige Meter auf dem Parkweg gelau-fen, begann es ringsum schaurig zu stöhnen. Immer wieder krachte und polterte es zwischen den Büschen und Bäumen und schwere Schneeladungen rutschten von den Zweigen. Greta ging schneller. Sie dachte an ihre Mutter und an die freundliche Apothekerin. Mit beiden Händen presste sie die Ohren zu.

„Eng-scheng-beng!", schrie sie. „Eng-scheng-beng!" Doch die unheimlichen Geräusche wurden nicht leiser. Im Gegenteil, in das Stöhnen mischte sich unterdrücktes Kichern und Lachen. Da begann Greta zu rennen. Sie rannte so schnell, dass sie ihre Fäustlinge und die Mütze verlor und den Weg kaum noch erkennen konnte. Viel zu spät bemerkte sie die gefrore-ne Pfütze, rutschte aus, stürzte und kam erst wieder zu sich,

als sie mitten in einem der Schneeberge neben dem Parkweg
stecken blieb.

Greta ruderte wild mit den Armen, bis sie sich endlich befreit
hatte. Atemlos lauschend stand sie da und versuchte, nicht
zu weinen. Die Geister, der Sturz, der weiße, einsame Park –
das war zu viel! Ratlos blieb ihr
Blick an den Abdrücken
im Schnee hängen, die
sie mit den Armen
gemacht hatte. Sie sa-
hen wie die Engels-
flügel aus, die sie
als kleines Kind so
gern in den Schnee
gewedelt hatte.
„Schutzengelflü-
gel" nannte die Mut-
ter sie. „Oh, wie schön,
ein Schutzengel aus Schnee für
mich", flüsterte Greta und legte eine
Handvoll Schnee aus den Flügelspitzen an ihre heißen Wangen. Das gab ihr Trost und Ruhe und ließ alles nur noch halb
so schlimm erscheinen.

Erleichtert lächelte Greta ihrem Schnee-Engel zu. „Danke
schön, lieber Engel", sagte sie und streichelte die Engelflügel
im Schnee, ehe sie weiterging. „Danke schön, dass du mir
Mut gemacht hast."

In diesem Moment stürmten ihr Mia und Ben mit Lukas und den anderen Dorfkindern entgegen. „Hey, Greta", riefen sie erschrocken und schwenkten Gretas Fäustlinge und ihre Mütze. „Wir hatten schon Angst, dir sei etwas Schlimmes passiert!"

„Wo kommt ihr denn auf einmal her?", staunte Greta und genoss es, von Mia und Ben ganz fest umarmt zu werden.

„Das ist eine ziemlich lange, ziemlich blöde Geschichte", sagte Lukas und ergriff Gretas Hand. „Tut mir leid, dass ich wegen Leon so gemein zu dir war und wir dich mit dem Geisterquatsch so erschreckt haben. Leon ist ein echter Blödmann, aber ich auch."

Greta wusste nicht, was sie sagen sollte.

„Verzeihst du mir?", fragte Lukas.

Greta nickte und beschloss heimlich, niemals wieder so ängstlich zu sein und zuerst nachzudenken, ehe sie alles glaubte, was man ihr sagte. Sie bückte sich und steckte den Kieferzapfen, der soeben aus einem Baum und neben ihr in den Schnee gefallen war, in ihre Manteltasche. Eine feine weiße Feder hing daran. Ob es wohl eine Feder aus einem Engelsflügel war? Greta lächelte. Diesen Zapfen wollte sie behalten. Zur Erinnerung an den Tag, an dem sie ihren Schutzengel entdeckte und aus „Gretchen Angstmädchen" „Greta Mutmädchen" geworden war.

Mein Schutzengel und ich

Wenn ich am Morgen die Sonne schon spüre,
mich aber dennoch im Bett noch nicht rühre,
obwohl Papa laut „Frühstück!" ruft,
lieg ich still,
weil ich mit mir
noch ein wenig allein bleiben will.
Hinter den Augen schimmern dann Lichter,
und ein Flüstern ist in mir,
das kommt immer dichter,
bis es mein innerstes Ohr erreicht
und zart über meine Seele streicht:
„Mein Kind, ich bin bei dir
und schütze dich."
Und ich denke: „Mein Engel,
wie lieb ich dich."

Der Geschwisterengel

Vor zwei Wochen schon war die erste
Kirsche rot und reif gewesen. Jonas hatte
sie vom Balkon aus gesehen. „Jetzt kommt
das Baby", hatte er durch das Treppenhaus
gerufen.

„Wieso?", hatte die Mutter gefragt.

„Weil die Kirschen reif sind. Papa hat gesagt,
dann kommt das Baby."

Die Mutter hatte nur gelacht.

Und nun, nur zwei Tage später, war es plötzlich so weit. Die
Mutter hatte im Krankenhaus ein Baby bekommen. Der
Vater war vor Freude ganz aufgeregt.

„Mach dich schön", rief er Jonas zu. „Du hast eine kleine
Schwester. Wir wollen Mama und unser Baby sofort besu-
chen."

„Hast du denn auch ein Geschenk für Marie?", fragte Jonas
und nannte stolz den Namen, den er für sie ausgesucht hatte.
Der Vater schmunzelte. „Sie ist gerade erst auf die Welt
gekommen. Sie kann sich noch gar nicht über Geschenke
freuen."

„Ich hab trotzdem was", sagte Jonas. „Ich schenk ihr ein
Engelschmusetuch." Es war sein eigenes blaues Lieblings-
kuscheltuch mit einem kleinen Plüschengel in der Mitte.
Wenn man auf seinen Bauch drückte, leuchtete der Kopf.
Dann sah es aus, als wäre der Engel lebendig. Jonas liebte

ihn sehr. Aber Marie sollte ihn trotzdem haben. „Es soll ihr Schutzengel sein", sagte er.

„Gut", meinte der Vater.

Aber Jonas merkte, dass er gar nicht richtig zuhörte. „Wahrscheinlich denkt er an Marie", überlegte er still für sich. Und dabei spürte er, wie stark auch er sich auf sein Schwesterchen freute. Bestimmt würde es das schöne Kuscheltuch sofort nehmen und sich freuen.

Wenig später waren sie im Krankenhaus. Die Mutter lag in einem Einzelzimmer. Sie streckte ihnen glücklich die Arme entgegen. Nur Marie fehlte.

„Wo ist sie denn?", fragte Jonas.

In diesem Moment ging die Tür auf und eine Krankenschwester brachte ein Baby herein. Winzig war es. Und so rot und zerdrückt. Jonas starrte ungläubig hin. Es schlug ja nicht einmal die Augen auf. Wozu hatte er denn jetzt sein Kuscheltuch mit dem Engel mitgebracht?

„Gefällt sie dir?", wollte die Mutter wissen und hob ihm das Baby stolz entgegen. „Willst du sie mal halten?"

Da wusste Jonas nicht, was er sagen sollte, und halten wollte er sie auch nicht. Sie war so klein und die Füße des Strampelanzugs baumelten herunter, als wären gar keine Füße darin.

„Ist sie auch nicht vertauscht?", fragte er schließlich.

„Nein", lachte die Mutter. „Sie sieht dir sogar ähnlich."

Der Vater schob den Zeigefinger in Maries Faust. Ihre winzigen Finger klammerten sich sofort fest. Die Mutter und der Vater lächelten sich an. Etwas war anders mit ihnen. Etwas, das bewirkte, dass Jonas irgendwie nicht dazugehörte. Er rückte ans Fußende von Mutters Bett und zappelte mit den Beinen. Keiner schien es zu merken. „Früher hätten sie es bemerkt", wusste Jonas und schaute das Baby an.

„Eigentlich hab ich mir gar keine Schwester gewünscht, sondern einen Bruder", dachte er. „Der hätte mich bestimmt gleich angeschaut und angelacht und sofort meinen Finger angefasst." Jonas' Augen waren auf einmal heiß und brannten. „Eine Schwester ist gut für eine Schwester, aber doch nicht für einen Bruder", fand er. Er würde ihr sein liebes Engelschmusetuch doch nicht schenken.

Jonas hatte geglaubt, wenn die Mutter und Marie nach Hause kämen, würde alles schöner. Aber von dem Tag an, an dem Marie dann da war, wurde zu Hause nur alles anders. Jonas konnte es fast nicht aushalten. „Immer bloß das Baby", maulte er. Entweder heulte Marie oder sie hatte die Windeln voll oder den Bauch leer oder alles zusammen. Mama und Papa waren dauernd mit ihr beschäftigt. Und wenn nicht, dann waren sie müde und wollten, dass Jonas sie in Ruhe ließ, anstatt gemeinsam zu spielen. „Du bist doch jetzt unser Großer", sagten sie. „Du musst jetzt Rücksicht auf Marie nehmen. Sie braucht uns jetzt eben ein bisschen mehr als du."

Und auf einmal war der Gedanke da: „Ich geh weg!" Wenn er weg wäre, würden die Eltern ja sehen, was sie an ihrem lieben Jungen hatten. Pausenlos würde das Telefon klingeln. Alle Leute würden nach Jonas fragen und nicht ständig nur nach Marie. Und Mama würde um ihn weinen. „Geschieht ihr recht", dachte Jonas.

Tief in der Nacht stand er auf. Sein Rucksack war schon gepackt. Unten lagen der Pulli mit dem Segelboot, dann das Sparschwein und eine frische Unterhose. Falls er mal zum Arzt müsste. Klar, dass man beim Arzt immer eine saubere Unterhose haben muss. Seine Taschenlampe hatte er in einer Seitentasche verstaut. Zuoberst lag ein Marzipanbrot. Als Reiseproviant. „Fertig!", sagte Jonas und musste ein bisschen durch die Nase schniefen.

Als er seine Zimmertür öffnete, bewegte der Luftzug die rot gewürfelten Vorhänge an seinem Hochbett. Opa hatte es gebaut. So ein Bett hatte keiner, nur Jonas. Es sah aus, als würden die Vorhänge ihm zum Abschied zuwinken. Jonas bekam einen komischen Kloß in den Hals und musste schlucken. Und dann hörte er das Weinen aus Maries Zimmer. Es war nicht besonders laut. Aber in der Stille der Nacht klang es so schrecklich allein. „Soll Mama sie doch trösten", sagte Jonas zu sich selbst und wollte gar nicht hinhören, sondern mit seinem Rucksack zur Haustür hinaus. Hätte sich das Engelschmusetuch nicht zwischen Tür und Angel geklemmt, wäre er auch sofort gegangen. Aber ein Zipfel steckte fest, und ohne sein Schmusetuch konnte Jonas nicht weg. Also musste er das Weinen aus dem Babyzimmer hören,

ob er wollte oder nicht. Es dauerte ziemlich lange, bis er das
Schmusetuch endlich herausgezogen hatte. Trotzdem kam
und kam die Mutter nicht. Wahrscheinlich hörte sie das
Weinen gar nicht. Es war so leise. Jonas wusste noch ganz
genau, dass er auch schon oft so leise geweint hatte. „Lau-
tes Heulen tut viel weniger weh", dachte Jonas und sah den
kleinen Engel im Schmusetuch an. Der Zipfel, der in der Tür
eingeklemmt war, war ein bisschen schwarz und ölig. Ob die
Mutter es waschen konnte? Dabei fiel ihm ein, dass sie gesagt
hatte: „Wenn ein Baby weint, ist das kein Trick. Es hat immer
einen Grund. Man muss ihn nur herausfinden."
Jonas hielt es nicht mehr aus. Vielleicht war ja etwas
Schlimmes passiert. Leise stellte er seinen
Rucksack ab und trat an Maries Bett. Ihr
kleines Gesicht war heiß und ganz nass. Und
dann wusste er auch, warum sie geweint
hatte. Sie hatte den Schnuller
verloren. Weil sie noch so klein
war, konnte sie ihn nicht
suchen und selbst wieder
in den Mund
stecken.

Also weinte sie.

Jonas musste ein wenig lachen, als er den Schnuller in Maries Mund schob und ein bisschen festhielt. Als er klein gewesen war, hatte er auch so einen Nuckel gehabt. Es stimmte, Marie war ihm wirklich ziemlich ähnlich.

„Gut, dass du mich hast", sagte er und merkte erst jetzt, dass Marie bereits eingeschlafen war. „Ich pass jetzt auf dich auf, keine Angst."

Leise holte er sein Bettzeug aus seinem Zimmer und machte es sich auf dem Sofa neben Maries Bettchen bequem. Ehe er unter die Decke schlüpfte, schaute er noch einmal ins Baby-bettchen. Vorsichtig schob er das Engelschmusetuch neben Maries Kopfkissen, dicht neben ihre winzige Hand. Sanft begann der Kopf des Engels zu leuchten. Jonas lächelte zufrieden. Seine kleine Schwester sollte nicht allein im Dunkeln sein.

Wie ein mild glänzender Stern schimmerte der Geschwister-engel durch den feinen Stoff an Maries Bett und leuchtete zu Jonas herüber. Er war hell genug für beide.

Lieber Schutzengel, bleib bei mir

Begleite mich auf allen Wegen.
Sei bei mir, wo ich geh und steh.
Gib mir zu allem deinen Segen
und hilf mir, dass ich dich versteh.

Im Schatten deiner starken Schwingen
brennt mich die heiße Sonne nicht.
Bei Nacht kannst du die Angst bezwingen,
denn im Dunkeln bist du Licht.

Ich weiß, du wirst nicht für mich handeln,
entscheiden muss ich ganz allein,
doch deine Nähe kann mich wandeln,
mir helfen, klug und stark zu sein.

Drum bleib an meiner Seite, bitte,
wache für mich, derweil ich ruh.
Mit dir bin ich in meiner Mitte
und schließ getrost die Augen zu.

Der Einschlafengel

Sie haben eine Geschichte
erzählt, geredet, gebetet,
geschmust und miteinander
gelacht. Es ist wie jeden Abend. Mit langen Schatten greift die
Nacht ins Zimmer. Mutter steht auf. Es ist höchste Schlafenszeit.
„Mama", sagt Tom schnell, „du." Er hält ihre Hand fest, zieht
sie noch einmal zu sich herunter. „Mama, Sterben, sag mal,
wie ist das?"

„Sterben?", fragt die Mutter verwundert. „Wie kommst du
denn darauf?"

„Wegen Opa", sagt Tom. „Er hat gesagt, dass er bald sterben
muss."

Langsam setzt sich die Mutter auf die Bettkante und streicht
über Toms Haar.

„Wie Sterben ist, weiß man nicht", meint sie. „Niemand kann
es wissen. Wir wissen es erst, wenn wir tot sind. Und dann
können wir es keinem mehr erzählen."

„Ist es wie Schlafen?", fragt Tom. „In der Geschichte, die du
mir vorhin vorgelesen hast, sagte die Königin, der Tod sei der
Bruder vom Sandmann. Und wenn man schläft, sei es ein bisschen wie sterben."

Die Mutter schüttelt den Kopf. „Aber Tom, das war doch
nur ein Märchen! Mit dem Sandmann ist es wie mit dem
Weihnachtsmann und dem Osterhasen. Es gibt sie nicht
wirklich. Das weißt du doch."

„Lehnst du die Tür an und lässt das Licht brennen?", bittet Tom.

„Aber sicher", sagt die Mutter und schaut nachdenklich.

Tom liegt mit weit offenen Augen da. Dunkel ist es und still. Jedes Mal, wenn der Herbstwind in den Bäumen im Garten braust, zieht Tom die Bettdecke höher. Nur seine Haare schauen noch heraus. Unter der Decke ist es kuschlig und warm. Da ist Tom ganz bei sich selbst.

Langsam wird er müde. Aber Tom will nicht schlafen. „Ich bleibe wach", denkt er. „Ich krieche in meine Kuschelhöhle." Er zieht die Bettdecke über den Kopf, winkelt die Beine an und schlingt beide Arme um die Knie. Jetzt wird es warm. „Gut", denkt Tom.

In diesem Moment geht die Tür auf. Ein helles Licht breitet sich aus. Es leuchtet so stark, dass es durch die Bettdecke scheint. Und als Tom genau hinschaut, kann er durch die Decke hindurch erkennen, wer gekommen ist. Es ist ein Männchen mit einem kleinen Sack auf dem Rücken.

„Hallo", sagt das Männchen und tippt mit dem Finger an die Glatze.

„Hallo, Sandmann", gibt Tom zurück. „Ich denke, dich gibt es nicht."

„Es gibt mich und es gibt mich nicht", schmunzelt der Kleine. „Wenn du wach bist und gut nachdenkst, gibt es mich nicht. Wenn du müde bist und deine Gedanken geheime Wege gehen, gibt es mich doch."

„Und was willst du?", fragt Tom.

„Dein Schutzengel hat gesagt, du hast Angst vor mir", antwortet der Sandmann.

„Mein Schutzengel?", staunt Tom. „Wer ist das denn?"

„Ja, weißt du denn nicht, dass jedes Kind einen Schutzengel hat?", lacht der Sandmann. „Er kommt aus dem Himmel, wenn du geboren wirst, und ist immer bei dir. Er wohnt in deinem Herzen. Er kennt alle deine Gedanken. Er spürt alles, was du fühlst. Und wenn du nicht schlafen kannst, versucht er, dir dabei zu helfen. Deshalb bin ich hier."

„Und warum sehe ich ihn nicht?", fragt Tom.

„Weil alle Engel für die Augen unsichtbar sind", sagt der Sandmann. „Aber du kannst deinen Schutzengel fühlen. Leg die Hand auf dein Herz. Das Klopfen sagt dir, dass er da ist."

Als Tom die Hand auf sein Herz legt, ist das Klopfen plötzlich wie eine Stimme. „Ich bin da", pocht sie. „Ich bin da." Es klingt ruhig und sanft und stark. Und schön.

Das Sandmännchen blinzelt Tom zu. Es nimmt ein Döschen aus seinem mit Sternen bestickten Sack, greift mit zwei Fingern hinein und bläst eine Prise Sand in die Luft. „Hast du vielleicht eine Frage an mich?"

„Wie ist es, wenn man stirbt?", fragt Tom.

„Dann ist man im Himmel", sagt das Männchen. „Und im ewigen Licht. Dein Schutzengel passt auf dich auf. Er lässt dich nicht allein und zeigt dir den Weg."

„Auch meinem Opa?", fragt Tom.

„Ganz bestimmt", sagt der Sandmann. „Jeder Mensch hat
einen Schutzengel. Auch dein Opa." Langsam verschwindet
er aus dem Fenster hinaus in die Nacht. „Alle Wege führen zu
Gott. Die geraden und die krummen. Dein Schutzengel führt
dich. Niemand geht den falschen Weg."
Es klopft unter Toms Hand. Sein Herz schlägt. Und sein
Schutzengel sagt: „Hab keine Angst. Ich bin bei dir."
„Morgen", denkt Tom und freut sich darauf, „morgen werde
ich Opa sagen, dass auch er
einen Schutzengel hat."
Jetzt endlich schläft
er ein.

Gutenachtlied des Schutzengels

Schlafe nun,
freu dich auf morgen.
Ruh dich aus in meinem Arm.
Träum schön, denn du bist geborgen,
ich bin bei dir,
halt dich warm.

Meine Füße gehen mit dir,
meine Arme halten dich,
meine Stimme soll dich leiten,
meine Augen sind dein Licht.
Gott wird dich durch mich begleiten,
glaube und vertraue mir.

Drum schlafe nun,
freu dich auf morgen.
Ruh dich aus in meinem Arm.
Träum schön, denn du bist geborgen,
ich bin bei dir,
halt dich warm.

Der müde kleine Schutzengel

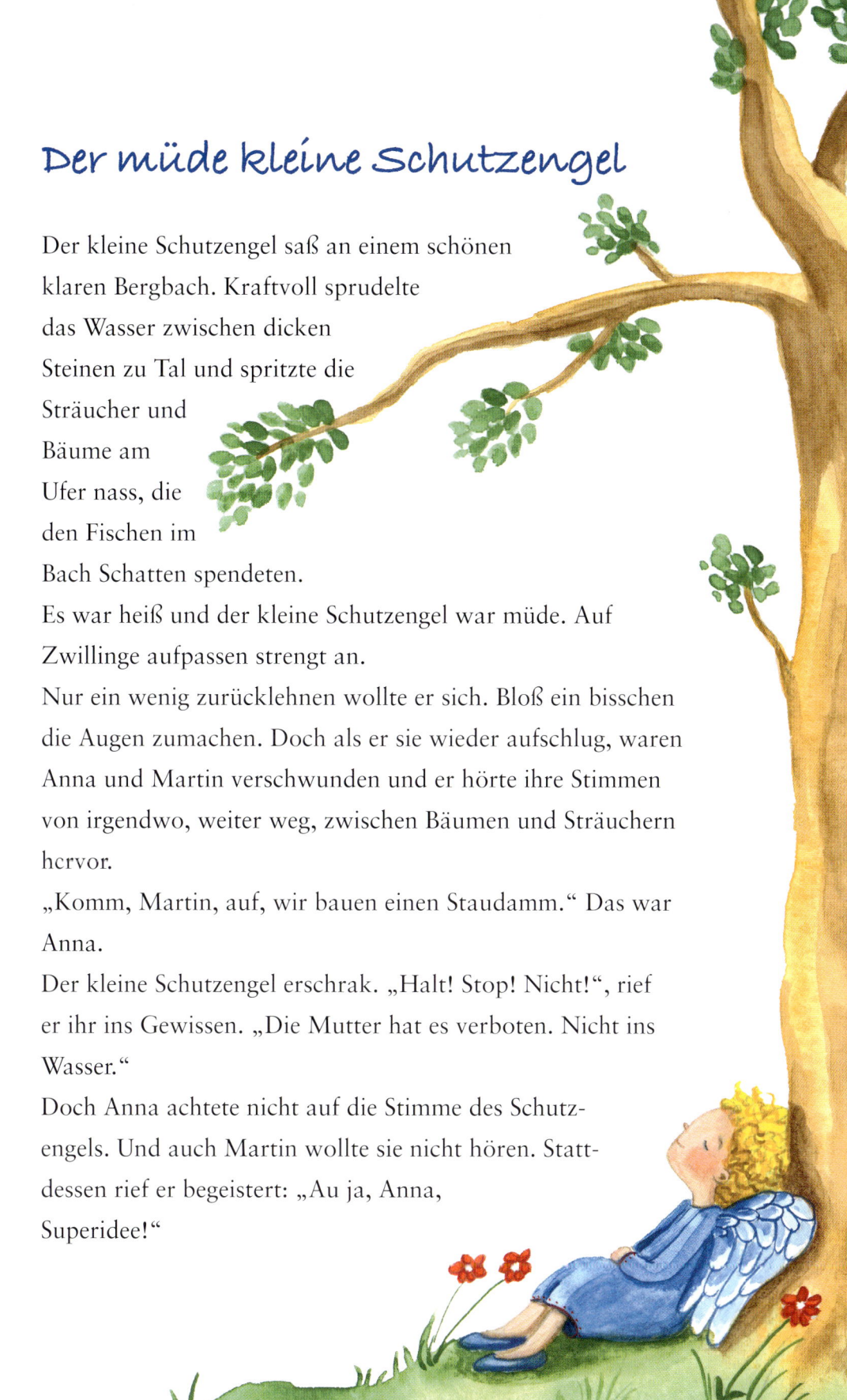

Der kleine Schutzengel saß an einem schönen
klaren Bergbach. Kraftvoll sprudelte
das Wasser zwischen dicken
Steinen zu Tal und spritzte die
Sträucher und
Bäume am
Ufer nass, die
den Fischen im
Bach Schatten spendeten.
Es war heiß und der kleine Schutzengel war müde. Auf
Zwillinge aufpassen strengt an.
Nur ein wenig zurücklehnen wollte er sich. Bloß ein bisschen
die Augen zumachen. Doch als er sie wieder aufschlug, waren
Anna und Martin verschwunden und er hörte ihre Stimmen
von irgendwo, weiter weg, zwischen Bäumen und Sträuchern
hervor.
„Komm, Martin, auf, wir bauen einen Staudamm." Das war
Anna.
Der kleine Schutzengel erschrak. „Halt! Stop! Nicht!", rief
er ihr ins Gewissen. „Die Mutter hat es verboten. Nicht ins
Wasser."
Doch Anna achtete nicht auf die Stimme des Schutz-
engels. Und auch Martin wollte sie nicht hören. Statt-
dessen rief er begeistert: „Au ja, Anna,
Superidee!"

Der kleine Schutzengel konnte nur noch seine Flügel ausbreiten und so schnell wie möglich hinter den Kindern her fliegen. Ein wenig später sah er die Zwillinge wieder. Sie hatten die Schuhe ausgezogen und standen barfuß im Wasser. „Guck mal, die großen Steine, Martin", sagte Anna und zeigte auf einen Steinkreis, der wie eine Badewanne im Bach aussah. „Wenn wir ganz viele kleine Steine zwischen die großen legen, wird es ein Staudamm."

„Und dann lassen wir Rindenboote schwimmen", lachte Martin. „Das wird toll."

Die ersten kleineren Steine lagen nahe am Ufer. Sie sahen wie besonders dicke Kiesel aus. Bald aber fanden die Zwillinge sie nur noch im tieferen Wasser. Eifrig buddelten sie einen nach dem anderen aus dem Sand und trugen sie zu ihrem Steinkreis. Jedes Mal flog der kleine Schutzengel unsichtbar mit ihnen mit und sorgte dafür, dass sie gut aufpassten und nicht auf den rutschigen Steinen ausglitten oder ins Wasser stürzten.

Plötzlich aber geschah es doch. Martin hatte seinen Stein nicht fest genug gehalten. „Platsch!" fiel er ihm aus den

Händen und „Autsch!" direkt auf Annas Fuß. Viel schneller, als der kleine Schutzengel fliegen konnte, stürzte Anna ins tiefere Wasser.

„Hilfe!", schrie Anna. „Hilfe!" Sie streckte ihre Hand nach Martin aus. Doch so schnell Martin am Ufer auch rannte, das Wasser in der Bachmitte floss schneller. Schon zog es Anna mit sich davon.

In diesem Moment fiel Martin ein, was der Vater gesagt hatte: „Falls ihr mal in den Bach fallt, haltet euch an den Zweigen fest. Sie sind zäh und halten was aus." Das war es! Anna brauchte einen Ast, an dem sie sich festhalten konnte!

Gleich sah Martin den richtigen Ast. Er war kräftig, aber nicht zu dick und reichte mit starken Zweigen bis weit über den Bach hinaus. Blitzschnell sprang Martin hoch und hängte sich mit beiden Händen an den Ast, bis dieser tief über dem Wasser hing und genau über Anna schwebte. „Schnapp dir den Ast, Anna!", schrie er. „Schnapp ihn!"

Anna verstand sofort. Mit aller Kraft stieß sie sich aus dem wirbelnden Wasser hoch und packte den Zweig. Sofort fand sie auch mit den Füßen Halt, denn gleich neben ihr lag ein großer Stein im Wasser und die dicke Wurzel eines Weidenbaumes schob sich davor. Schnell schlang Anna ihre Beine darum und klammerte sich daran fest, als auch schon Martin da war. Mit beiden Fäusten zog und zerrte er an Annas T-Shirt, bis sie auf Händen und Knien aus dem tiefen Wasser ans flache Bachufer krabbelte.

Als sie einander die Arme um die Schultern legten, an ihren triefnassen Sachen herunterschauten, Annas aufgeschürfte Knie untersuchten und sich fragten, wie sie das alles zu Hause erklären sollten, kam es Anna vor, als hörte sie ein wundersames helles Lachen über sich. Doch als sie aufblickte, sah sie nur einen Sonnenstrahl durch die grünen Blätterzungen des Weidenbaumes tanzen.

„Jetzt hast du aber einen guten Schutzengel gehabt", rief Martin.

„Stimmt!", antwortete Anna.

Der kleine Schutzengel lächelte.

Alle Kinder dieser Welt haben Schutzengel

In der Gartenstraße acht wohnen viele nette Kinder:
Araber, Ägypter, Türken, schwarzäugige kleine Inder,
Marokkaner, Mexikaner, Perser und auch Libanesen,
Afrikaner, Brasilianer, Romakinder und Chinesen.
Aus Rumänien und Kroatien, aus Sudan, Afghanistan,
auch aus Russland, Palästina, Vietnam und Kasach-
stan, von überall sind sie gekommen, wohnen unter
einem Dach, lachen, spielen, streiten, scherzen, lieben
Schabernack und Krach.
Sind wie Lena, Tim und Jonas, sind wie Max und
Florian, auch nicht anders als Marlene, Lina, Tina,
Finn und Jan.
Alle Kinder dieser Erde haben Hand und Fuß und
Herz, lieben ganz dieselben Freuden, leiden ganz
denselben Schmerz.
Über allen wacht ein Engel, hat sie lieb, gibt auf sie
acht. So will es der Weltenschöpfer, hat's für jeden so
erdacht.

Der Ideenengel

Es ist Sonntagnachmittag.
Draußen regnet es und die
Bäume biegen sich im Wind.
„So ein Mist", murrt Fren-
kie. „Und dabei wollten wir heute
Minigolf spielen."
Papa faltet die Zeitung zusammen.
„Weißt du was", meinte er, „heute denken wir uns einfach
mal etwas ganz Neues aus. Wir machen ein Spiel."
„Ach, ist das aber neu", kichert Amelie. „Als ob wir sonst
niemals spielen würden."
Mama muss lachen. „Und was spielen wir?", will sie von
Papa wissen.
„Wir machen nicht nur ein Spiel", erklärt Papa. „Wir machen
einen Wettbewerb." Er schaut rundum in plötzlich neugierige
Gesichter. „Einen Zungenbrecherwettbewerb."
„Nö", ruft Frenkie sofort. „Ohne mich. Bin ich blöd und
brech mir die Zunge ab?"
„Frenkie, das verstehst du falsch", schmunzelt Papa. „Ich
meine doch nicht, dass wir uns hinstellen und einer dem
anderen die Zunge brechen. Ein Zungenbrecherwettbewerb
ist ein Wettbewerb mit Zungenbrechersprüchen. Wer zuletzt
einen Spruch richtig gesagt hat, gewinnt."
Frenkie verzieht den Mund. „Und was ist ein Zungenbrecherspruch?"

„Na, zum Beispiel: Fischers Fritz fischt frische Fische", sagt
Papa. „Frische Fische fischt Fischers Fritz."

„Oder: Brautkleid bleibt Brautkleid und Blaukraut bleibt
Blaukraut", lacht Mama und verhaspelt sich mindestens drei
Mal.

Papa nickt. Genau so hat er sich das Spiel gedacht.

„Cool!", grinst Frenkie und reibt den kleinen hölzernen
Schutzengel in seiner Hosentasche zwischen Daumen und
Zeigefinger, wie er das immer macht, wenn er unbedingt
gewinnen will.

Mama schaut auffordernd in die Runde. „Wer fängt an?"

„Ich!" Amelie streckt den Finger wie in der Schule. „Passt
mal auf, wer kann das ganz schnell nachsprechen? Froh fragt Fritz Franz: ‚Wo wohnt Willi
Wanz?' Fragt Franz Fritz froh: ‚Welche Wanz
wohnt wo?'"

„Ist doch ganz einfach", behauptet Papa und
spricht tatsächlich alles tadellos nach.

„Puh!" Amelie lacht ihn trotzdem aus.

„Im Schneckentempo. Das gilt ja nicht."

„Ich weiß was Besseres", ruft Mama dazwischen. „Kichernde Kinder kaufen knusprige Knäuschen. Knusprige Knäuschen
kaufen Kinder gern. Aber kichernde
Kinder kaufen keine Kokosnüsse,
denn kratzige Kokosnüsse kriegen
keine knusprigen Knäuschen."

Alle reden und lachen durcheinander, weil jeder den Spruch schnell und richtig nachsprechen will. Am Ende kommt bloß Amelie nicht durcheinander.

Frenkie ist ein bisschen eifersüchtig. „So ein Knusper-Knusper-Knäuschen-Hexenhäuschen-Dingsda-Bumsda kann doch jeder", ruft er. Aber so sehr er auch den hölzernen Schutzengel reibt, es fällt ihm einfach kein Zungenbrecherspruch ein.

„Dann sag doch mal: Zwei süß singende Sängerknaben saßen zwischen Zwitschervögeln im Zwetschenbaum", fordert Papa ihn auf.

Wieder ist Amelie schneller. „Das ist doch pipifaxeinfach!", ruft sie. „Zwei süß singende Sängerknaben saßen schwischen Zitschwervögeln im Zetschwenbaum."

Frenkie und Papa lachen so laut, dass sie beinahe überhören, wie Mama den nächsten Spruch vorsagt: „In Ulm, um Ulm und um Ulm herum."

Mama klatscht Beifall, als alle gleichzeitig drauflos probieren und Amelie schon wieder die Schnellste ist.

„Amelie for Champion!", ruft Papa und zieht ihren rechten Arm nach oben.

Doch Mama winkt ab. „Nicht so fix. Ich hab noch einen! Der geht: Hickelehackele, bibbelebabbele, zwickelelzwackele, dudeldumdu."

„Der ist für Frenkie, der ist zu einfach für mich", kichert Amelie siegessicher und freut sich, dass sogar Papa sich mit den Hackeles und Babbeles einen Knoten in die Zunge wickelt.

Doch in diesem Moment hat Frenkie endlich eine Idee. „Ich hab einen, ich hab einen!", ruft er. „Wer den gewinnt, gewinnt alles."

Amelie zögert ein bisschen. „Hey, wer nichts wagt, der nichts gewinnt", meint Papa und blinzelt ihr aufmunternd zu.

„Also gut", sind alle einverstanden.

Ganz langsam spricht Frenkie seinen Zungenbrecher vor:

„Braut klaut Brautkleid und Kleid haut Braut breit."

„Na, wenn das kein Siegerspruch ist!", grinst Papa.

Mama probiert es zuerst. „Blaut kaut …"

„Verloren! Verloren!", jubelt Frenkie.

„Braut kraut Blautkreit …", versucht es Papa.

„He, he, he, he!", kichert Amelie und trägt selbstbewusst vor: „Braut klaut Brautkleid und Kreit haut Blaut keit." Und dabei macht sie so ein erstauntes Gesicht über die eigene Zungenakrobatik, dass alle Tränen lachen.

„Und jetzt ich", sagt Frenkie stolz und drückt den hölzernen Schutzengel in der Hosentasche ganz fest. „Jetzt passt mal auf. So geht das nämlich: Braut klaut Brautkreid und Kreid laut Haut reit."

Einen Augenblick sind alle ganz still, als könnten sie nicht glauben, was sie gehört haben. „So, so, so geht das also", prustet Papa so plötzlich los, dass Mama einfach mitlachen muss. Als Amelie vor lauter Kichern und Giggeln nach Luft schnappt, kann auch Frenkie nicht mehr anders und lacht, bis der Bauch wehtut.

„Und jetzt", sagt Mama endlich und nimmt alle in den Arm, „jetzt gehen wir ins Kino. Alle zusammen."

„Cool", sagt Frenkie und hängt sich den hölzernen Schutzengel am Band um den Hals. Er findet, das hat er sich verdient.

Mein Schutzengel
gibt auf mich acht

Ich träum mir einen Luftballon
und flieg mit ihm empor.
Weit über Land und Meer davon
zu einem goldenen Tor.

Ein kleiner Schlüssel steckt darin.
Nur ich, ich kann ihn seh'n.
Und weil ich heut so glücklich bin,
kann ich im Schloss ihn dreh'n.

Ein Lied erklingt, so zart und fein.
Die Melodie ist schön.
So singt mein Engel ganz allein
für mich zum Schlafengeh'n.

Schon fallen mir die Augen zu.
Mein Schutzengel, gib acht.
Im Wolkenschloss geh'n wir zur Ruh.
Bis morgen, gute Nacht.

Der gemalte Engel

Es ist Abend. Wie immer vor dem Schlafengehen sitzen Sebastian und sein Vater noch ein Weilchen zusammen, hören Musik und reden ein bisschen, während Sebastian malt und der Vater in der Zeitung blättert.

„Papa?" Sebastian blickt von seinem Zeichenblock auf und rührt mit dem Pinsel im Wasserglas. „Papa?"

Der Vater schaut über den Zeitungsrand. „Mhm, was ist?"

„Papa, Oma sagt, jeder hat einen Schutzengel. Stimmt das?"

„Mhm", macht der Vater noch einmal und faltet die Zeitung zu. „Schwierige Frage. Man weiß es nicht. Aber es steht in der Bibel. Jesus sagte zu seinen Jüngern, dass jeder Mensch einen Engel hat, der jederzeit Gott Vater im Himmel sehen kann. Deshalb glauben wir, dass es Schutzengel gibt, die immer bei uns sind und uns beistehen, egal, was passiert."

„Und wer ist mein Schutzengel?", fragt Sebastian.

„Mhm", brummt der Vater zum dritten Mal. „Mit den Schutzengeln ist das so eine Sache. Man sieht sie nicht. Man kann nicht wissen, wer sie sind. Sie haben keinen Ausweis oder einen Reisepass. Aber ich stelle mir vor, dass sie wie die Menschen sind, zu denen sie gehören. Nur eben nicht aus Fleisch und Blut, sondern aus Licht."

Sebastian überlegt. Er malt einen Jungen auf sein Zeichenblockblatt mit braunen Haaren, blauen Augen, einem roten T-Shirt und blauen Jeans. „Das bin ich", sagt er. „Und wie sieht dann mein Engel aus?"

„Er hat braune Haare wie du", meint der Vater. „Nur feiner und heller, fast durchsichtig, weil es Engelshaare sind."

Sebastian malt mit ganz wenig Farbe und viel Wasser. „Und er hat blaue Augen wie ich, nur viel heller, weil es Engelsaugen sind", sagt er. Fast kann man den Engel nicht sehen, so hauchzart trägt Sebastian die Pinselstriche auf.

„Genau", nickt der Vater. „Er hat solche Ohren wie du, Nase, Mund, einfach alles, was du hast, nur zarter, durchsichtiger, engelhaft eben. Und klar hat er auch Arme und Hände, damit er dich umarmen und halten und beschützen kann. Beine und Füße hat er ebenfalls, weil er ja neben dir gehen und dich immer begleiten will."

„Und was soll ich ihm anziehen?", überlegt Sebastian.

„T-Shirt, Jeans?"

„Warum nicht?", fragt der Vater zurück.

„Aber welche Farbe?", rätselt Sebastian.

„Vielleicht immer anders", schlägt der Vater vor. „Vielleicht wie ein Regenbogen, wenn du froh und glücklich bist, oder ganz zart und duftig wie Frühlingsblumen, wenn du traurig bist, oder grün, wenn du wütend bist, weil Grün beruhigt und die Farbe der Hoffnung und des Trostes ist. Oder wie Silber und Gold, wenn du ganz lieb und süß und hilfsbereit bist."

„Kann schon sein", nickt Sebastian und malt seinem Engel erst einmal ein rotes T-Shirt und eine blaue Jeans, mit so wenig Farbe, dass sie fast nicht zu sehen ist.

Jetzt stehen Sebastian und sein Schutzengel nebeneinander auf dem Papier. Papa und Sebastian schauen sie lange an.

„Und wie heißt er?", fragt Sebastian.

„Heißen Engel überhaupt irgendwie?", denkt der Vater laut.

„Ich denke, er heißt Sebi", meint Sebastian. „Weil zu mir immer alle Basti sagen. Sebi und Basti, macht zusammen Sebastian."

„Gut", findet der Vater, „das passt."

Vorsichtig lösen sie das Bild mit Sebi und Basti aus dem Zeichenblock und stecken es in eine Klarsichthülle, damit es nicht beschädigt wird, wenn Sebastian es mit Klebstreifen neben seinem Bett an die Wand heftet.

„Es sieht schön aus", lobt der Vater, als Sebastian sich in die Kissen kuschelt, und gibt seinem Sohn einen Kuss auf die Stirn. „Bis morgen, Basti. Schlaf gut und träum was Schönes."

„Gute Nacht, Papa", sagt Sebastian und rückt ein Stück von der Bettkante weg, damit sein Schutzengel genug Platz neben ihm hat und bequem liegen kann, wenn er auf ihn aufpasst. „Gute Nacht, Sebi", flüstert er. Und er ist ganz sicher, dass er „Gute Nacht, Basti!" gehört hat.

Vierzehn Engel

Abends, wenn ich schlafen geh,
vierzehn Engel um mich steh'n:
zwei zu meiner Rechten,
zwei zu meiner Linken,
zwei zu meinen Füßen,
zwei zu meinen Häupten.
Zwei, die mich decken,
zwei, die mich wecken,
zwei, die mich weisen
ins Himmelsparadeisen.

Volksgut

Der Nachbarsengel

Als Lisa die Augen aufschlägt, ist
es dunkel. Mama hat vergessen, den
Rollladen herunterzulassen. Nun fun-
kelt der ganze Sternenhimmel in Lisas Zimmer. Sogar
ein roter Stern ist dabei. Der leuchtet immer heller und immer
größer und kommt näher und näher.

„Rote Sterne sind Flugzeuge", hat Papa erklärt. „Sie sind
so hoch oben, dass man nur die Lichter sehen kann." Aber
Lisa will gar nicht wissen, dass es Flugzeuge sind. Sie findet
rote Sterne viel schöner. Leise steht sie auf und stellt sich ans
Fenster. Wenn sie auf Zehenspitzen steht, kann sie den roten
Stern ein bisschen länger sehen, ehe er hinter dem dicken Kas-
tanienbaum vor dem Haus verschwindet.

Bis zur Toilette sind es nur wenige Schritte über den Flur.
Trotzdem nimmt Lisa ihre Taschenlampe mit. Wenn sie leise
auftritt, kann sie Mama und Papa damit im Schlaf anleuchten
und zuschauen, wie sie atmen. Das ist schön. Es gibt Lisa ein
beruhigendes Gefühl, weil sie dann weiß: Alles ist gut.

Schnell huscht Lisa zur Toilette. Wenig später schiebt sie die
Schlafzimmertür auf und leuchtet hinein. Aber was ist das?
Das Bett ist ja leer! Keine Decke zerwühlt, kein Zauselhaar
von Mama auf dem Kissen, kein Schnarchen von Papa. Lisa
leuchtet sogar unters Bett und in den Schrank. „Mama!", ruft
sie. „Papa!" Keine Antwort. Alles bleibt still. Lisa bekommt
eine Gänsehaut.

„Hallo!", schreit sie ins Haus. Sie knipst alle Lichter an: im Schlafzimmer und im Flur, im Kinderzimmer und im Bad, im Wohnzimmer und in der Küche, im Esszimmer und sogar im Gästeklo. Taghell leuchtet das ganze Haus, fast wie ein Schloss.

„Ich bin die Prinzessin", sagt Lisa laut, denn Prinzessinnen fürchten sich nicht. Sie zieht Mamas seidenen Morgenmantel an und die silbernen Stöckelschuhe, die Mama zur Hochzeit mit Papa getragen hat. Dann nimmt sie Mamas Schminksachen und trägt Farbe auf. Blau auf die Augenlider, Rot auf die Wangen, Knallrot auf den Mund.

Plötzlich fällt Lisa etwas ein. Vielleicht liegt ja ein Zettel neben dem Telefon. Vielleicht haben die Eltern eine Nummer aufgeschrieben, die Lisa anrufen soll, wenn sie Angst bekommt. Schnell stöckelt sie zum Telefon im Flur. Doch da gibt es keinen Zettel. Lisa schaut extra zwei Mal nach.

In diesem Augenblick klingelt es an der Haustür. Aufgeregt schaut Lisa durch den Spion und öffnet die Tür. Draußen steht die Nachbarin von gegenüber. Sie hat das hell erleuchtete Haus gesehen und sich Sorgen gemacht. „Ist alles in Ordnung bei dir, Kind?", fragt sie.

„Dich hat bestimmt mein Schutzengel geschickt, Tante Brumm", schluchzt Lisa erleichtert und lässt sich in die Arme nehmen.

„Das kann schon sein", lächelt Frau Brumm und wischt Lisa die Tränen ab. „Soll ich dir vielleicht eine Schutzengelgeschichte zum Einschlafen erzählen?"

„O, ja!", freut sich Lisa.

Zusammen löschen sie die Lichter im Haus, schütteln Lisas Bettdecke frisch auf, decken Lisa bis an die Nasenspitze zu und dann beginnt Frau Brumm zu erzählen:

„Es war einmal ein kleines Mädchen, das hieß Lisa. Eines Nachts wachte Lisa auf und entdeckte, dass sie ganz allein zu Hause war. Da bekam sie große Angst. Überall im Haus suchte sie nach Mama und Papa und fühlte sich schrecklich allein. Dabei vergaß sie vor lauter Angst völlig, dass Mama und

Papa bloß ins Kino gegangen waren. Sie vergaß auch, dass sie ihren Eltern versichert hatte, sie sei schon groß und könne ruhig allein zu Hause bleiben.

Zum Glück hatte Lisa einen Schutzengel, der immer gut auf sie aufpasste. Und dieser Schutzengel wusste Rat. Er machte sich auf, um jemanden zu finden, der seiner Lisa helfen würde. Und tatsächlich, eine Frau war noch wach. Sie war auch allein zu Haus. ‚Schau mal aus dem Fenster', sagte der Schutzengel in ihren Gedanken. Und da sah sie …"

Frau Brumm lächelt. „… dass Lisa wieder eingeschlafen ist!" Leise zieht sie einen zweiten Sessel für sich neben dem Bett heran, legt die Beine hoch und eine Decke über sich und schaut Lisa beim Schlafen zu. Auch der Schutzengel lächelt. Bald werden die Eltern kommen. Alles ist gut.

Der Schutzengel
im Baumhaus

In meinem Baumhaus
wiegt mich der Wind,
deckt mich die Sonne zu.
Und wenn meine Augen geschlossen sind,
ist der Sommer ganz zärtlich.

Fast so, mein Engel, wie du.

Das Schutzengelpfeifchen

Selma fürchtet sich oft. Und wenn sie sich fürchtet, dann zittert sie. Aber wie! Manchmal zittert sie so sehr, dass alles um sie herum mitzuzittern scheint. Wenn sie draußen spielt, fürchtet sie sich aber auch wirklich vor allem. Vor der Katze auf Nachbars Fußabstreifer. Vor dem Wind, der um die Ecke jault und Blätter vor sich hertreibt. Vor einem kleinen Hund, der wie ein Wollknäuel auf vier Beinen aussieht und noch Milchzähne hat. Abends im Bett, wenn Selma über alles nachdenkt, was sie am Tag erlebt hat, zittert sie deshalb so sehr, dass sie glaubt, das ganze Bettgestell zittere mit, als wäre es aus Wackelpudding. Oft sieht sie dann die Deckenlampe zittern, dann den Schrank und zuletzt das ganze Haus.

Sogar die Bäume am Straßenrand glaubt Selma zittern zu sehen. Einmal fand sie ein Vogelküken, das aus so einem Zitterbaum aus dem Nest gefallen war. Das war schlimm. So schlimm, dass Selma von dem schwarzen Nachtvogel geträumt hat, der abends aus den Vorhängen zu flattern scheint.

„Kind!", sagt der Opa und nimmt Selma in den Arm, obwohl er nun mit ihr zusammen zittern muss, dass seine dritten Zähne klappern und sein Hörgerät verrutscht.

„Kind, so geht es nicht weiter."

Als die beiden endlich ausgezittert haben, zieht der Opa ein Pfeifchen aus der Westentasche und hängt es Selma um. Es ist ein dünnes silbernes Pfeifchen mit einem klitzekleinen Loch für einen einzigen Finger. „Das ist ein Schutzengelpfeifchen", erklärt der Opa.

„Ein Schutzengelpfeifchen?", staunt Selma und betrachtet es genau. „Was macht man damit?"

„Man pfeift darauf", sagt der Opa. „So, schau her!" Er pfeift und bläst mit dicken Plusterbacken und lässt den Zeigefinger auf dem einzigen Flötenloch trillern. Es kommt aber kein Ton heraus.

Selma muss lachen und zittert kein einziges Mal. „Siehst du", sagt der Opa und lacht auch. „Die Angst ist weggeblasen. Dein Schutzengel ist gekommen und hat sie mitgenommen. Es wirkt."

Selma behält das Pfeifchen gleich um den Hals. Als sie später beim Nachbarn vorbeikommt, wo die Katze auf dem Fußabstreifer die Krallen wetzt, genügt ein kleines Pfeifchenbla-sen. Schon springt die Katze über den Zaun davon und Selmas Angst ist weg.

Auch als der Wind durch die Pappeln am Spielplatz fegt, als wären tausend Geister hinter ihm her und Selmas Haare sich vor Angst im Nacken sträuben, hebt sie nur das Schutzengel-pfeifchen an den Mund und – pfff! – schon ist der Zitterspuk vorbei. Selbst bei dem Hündchen hat die Pfeife Erfolg. Es hat nämlich so feine Ohren, dass es hören kann, was Selma bläst. Das ist so lustig, dass das Hündchen bellen und springen, schwanzwedeln und hüpfen muss und gar nicht mehr aufhören kann, bis Selma keine Puste mehr hat und zu blasen aufhört. Da freut sich Selma und streichelt das Hündchen. Und wo ist die Angst? Na, wo wohl? Pff und fort!

„In der Nacht legst du das Pfeifchen aber bitte ab", sagt die Mutter vor dem Schlafengehen. „Womöglich wickelst du dir sonst noch die Schnur um den Hals."

Doch Selma schüttelt den Kopf. „Und wenn der Nachtvogel wiederkommt, was dann?"

Da hat die Mutter eine Idee. Sie hängt das Schutzengelpfeifchen an Selmas Bettpfosten, sodass es ganz nah bei Selma ist und sie jederzeit danach greifen kann. Wie immer liest die Mutter noch eine Gutenachtgeschichte vor, gibt Selma einen Kuss, löscht das Licht und geht.

Still ist es im Kinderzimmer. Unheimlich still. Das Kinderbett beginnt zu zittern, die Deckenlampe zittert mit, der Schrank fängt ebenfalls an. Plötzlich hört Selma ein Knacken am Fenster. Und da ist er. Der Nachtvogel ist da. Schwarz steigt er aus den Fensterritzen, hebt langsam die Flügel und sucht mit glühenden Augen im Kinderzimmer herum. Selma macht sich klein in den Kissen. Sie zieht die Beine an und deckt sich bis über die Nasenspitze zu. Dabei spürt sie das Pfeifchen vor ihrem Gesicht baumeln.

Blitzschnell, viel schneller, als der Nachtvogel fliegen kann, setzt sie es an den Mund und bläst und bläst und bläst und ganz plötzlich ist der Nachtvogel fort. Nur der Vorhang weht noch ein wenig im Wind und das Licht der Kugellampe vor dem Haus geht immer wieder an und aus.

Die Lampe hat nämlich einen Wackelkontakt. Auf einmal fällt es Selma wieder ein. Der Vater wollte längst die Glühbirne wechseln, aber er traute sich nicht. Die Lampe war ihm zu hoch. Ob sie Papa wohl mal das Schutzengelpfeifchen leihen sollte, denkt Selma und muss auf einmal kichern und – pfff! – sind die Angst und das Zittern vorbei.

„Danke schön, lieber Schutzengel!", sagte Selma leise. Das Pfeifchen fest in der Hand schläft sie beruhigt ein.

Freunde,
die wie Schutzengel sind

Einen brauchst du, der neben dir ist,
der dich mutig macht, wenn du ängstlich bist,
der mit dir weint und lacht und dich mag
und mit dir im Matsch patscht am Regentag.
Einen, der deine Wurstsemmel isst,
wenn sie wieder mal viel zu dick für dich ist,
der vergnügt mit dir tollt und mit dir springt,
dir lachend die frechsten Lieder vorsingt.
Einen, der auch dann zu dir hält,
wenn's donnert und stürmt und der Hagel fällt,
der neben dir gern in der Wiese liegt
und im Luftschloss mit dir in die Wolken fliegt.
Einen, der dich lieb hat, ganz so wie du ihn.
So ein Freund hat ein Herz wie ein Engel.
Sei gut zu ihm.

Wo war Murats Schutzengel?

Murat stöhnt vor Schmerzen. Sein Kopf ist dick verbunden. Wie eine kleine Scheibe schaut das Gesicht heraus. Beim Sturz hat er sich die Lippe blutig gebissen. Die Wunde tut weh, wenn er spricht oder etwas trinken und essen möchte. Trotzdem sagt er zu Merten, der im Nebenbett liegt: „Rede doch keinen Käse. Schutzengel gibt's nicht. Wären wir sonst etwa im Krankenhaus?"

„Und es gibt sie doch", widerspricht Merten, dessen Bein von oben bis unten in einen weißen Stützverband gepackt ist. „Schutzengel helfen immer, sagt meine Mutter, aber nicht immer, wie wir wollen."

„Ha, ha!" Murat schließt die Augen. Er sieht alles wieder vor sich, als er langsam zu erzählen beginnt.

An seinem sechsten Geburtstag war es, vor zwei Tagen. Sein Onkel Achmed hatte ihm ein Fahrrad geschenkt. Eins, wie er es sich immer gewünscht und nie bekommen hatte, weil seine Mutter nicht genug Geld dafür hatte. Onkel Achmed war auch nicht reich, aber er hatte einen kleinen Gemüseladen und in letzter Zeit liefen die Geschäfte gut. Murat hatte sich riesig gefreut. Und dann hatten sie die Idee mit dem Sandbahnrennen: Max, Lolle, der eigentlich Lothar heißt, Ali, Birger und er, Murat, die ganze Clique.

„Muss das sein?", hatte die Mutter gejammert. „Dass du mir ja deinen Fahrradhelm aufsetzt!" Murat hatte nur genickt.

„Mama, ich bin doch kein Baby mehr!" Dann waren die Jungen losgebraust.

Die alte Sandgrube nahe des Wohngebiets lag still in der Spätsommersonne. Ginster wucherte überall. Nur ein ausgefahrener Pistenstreifen lag dazwischen frei. Reifenspuren zerfurchten den roten Sand. Staub lag in der Luft. Nirgends konnte man besser spielen als hier, fanden die Jungen.

„Wenn ich ‚Los' rufe, geht's los!", sagte Murat. Alle nickten.

„Los!", schrie Murat.

Wie die Wilden starteten sie durch, Murat allen voraus. Die Sandpiste war bucklig und holprig. Regen und Wind hatten sie ausgewaschen. Stehend trat Murat in die Pedale. Ali, Max und Lolle rückten trotzdem dicht auf. Zu dicht, fand Murat. Keinen von ihnen durfte er jetzt vorbeilassen.

Tiefer beugte er sich über den Lenker, holte die letzte Kraft aus sich heraus, wich einem Steinbrocken aus, warf sich

mit dem Rad in die Kurve. Da! Verflixt! Eine Wurzel, Schotterbrocken, ein ausgewaschenes Loch im Boden. Vor Schreck verkantete Murat den Lenker, schlug mit dem Knie auf, spürte das Rad unter sich kippen. Und schon schlitterte er mit voller Geschwindigkeit in einer Riesenstaubwolke einen der Sandkrater hinunter, die sich neben der Piste öffneten.

Die Freunde radelten aus allen Richtungen herbei. Doch ehe der erste Murat erreichte, rappelte dieser sich auf. Zwar humpelte er ein bisschen, schaffte es aber zu seinem unweit neben ihm gelandeten Rad. Eins, zwei, drei, trat er schon wieder in die Pedale. Eine Strafrunde für den Sturz war zu drehen. „Macht nichts", redete Murat sich ein. „Ich schaff das!" Und tatsächlich gelang es ihm, sich wieder an die erste Position vorzuarbeiten!

Doch dann holte Lolle auf. Auch Birger kam näher. Murat spürte sein aufgeschlagenes Knie. Bei jeder Bewegung schrammte der raue Stoff über die Wunde. Tapfer biss er die Zähne zusammen. Zentimeter um Zentimeter verbreiterte er den Abstand zu seinen Verfolgern. Sechs Radlängen noch bis zum Ziel. Onkel Achmed würde Augen machen, wenn Murat Sieger würde.

In diesem Moment schoss Max von der Seite heran. Er hatte eine Abkürzung zwischen den Ginsterstauden gefunden, kreuzte dicht hinter dem Freund Murats Spur.

„Yeah! Yeah! Yeah!", feuerten die abgeschlagenen Freunde den wagehalsigen Max an.

Nur einen einzigen Blick wollte Murat über die Schulter werfen, nur schauen, wie groß sein Vorsprung noch wäre. Was dann passierte, wusste er nicht mehr so genau. Irgendwann hatte er die Augen aufgemacht und lag in einem Krankenwagen.

„Und?", wendet sich Murat seinem Bettnachbarn zu. „Wo war der Schutzengel? Wenn's ihn gibt, wieso hat er mich nicht aufgefangen?"

„Das hab ich meine Mutter auch gefragt, als ich auf das Dach des Schuppens geklettert und hinuntergestürzt bin", erinnert sich Merten. „Sie hat gesagt, dass jeder auf sich selbst aufpassen muss. Ein Schutzengel kann keinen auffangen. Er kann nur dabei helfen, dass man selbst besser aufpasst und weniger Fehler macht. Aber wenn man ihn nicht um Rat fragt und nicht hören will, was er einem im Innersten sagt, muss er zulassen, dass man stürzt und leidet."

„Das ist doch ein blöder Schutzengel, der einen bestraft, wenn man ihm nicht gehorcht", meint Murat.

Merten hätte sich gern aufgesetzt, bleibt aber lieber still liegen, weil der komplizierte Beinbruch dann weniger wehtut.

„Mein Papa sagt immer: ‚Wer nicht hören will, muss fühlen.' Ich glaube, das denkt ein Schutzengel auch."

„Ach, ja?" Murat verzieht das Gesicht. „Solche Sprüche kennt meine Mama auch."

Merten nickt. „Stimmt ja auch. Wenn man nicht aufgepasst hat und sich verletzt, spürt man, was passiert, wenn man nicht aufpasst. Und weil man das nicht wieder spüren will, passt man künftig besser auf. Das verhindert beim nächsten Mal vielleicht, dass noch etwas Schlimmeres geschieht."

Murat will nicht zugeben, dass Merten vielleicht recht hat. „Darüber denke ich erst nach, wenn dein Schutzengel jetzt gleich mit zwei Tüten Eis hier auftaucht."

„Na ja, zwei Tüten sind es nicht", sagt in diesem Moment eine Stimme von der Zimmertür her. „Aber zwei Becher dürfen es ja vielleicht auch sein?"

Murat und Merten starren den Pfleger mit aufgerissenen Augen an. Weißer Kittel, weiße Hose, weiße Schuhe, keine Flügel. Wie ein Engel sieht er nicht aus. Aber weiß man's? Nicht einmal Murat ist sich dessen jetzt noch ganz sicher.

Auch Schutzengel brauchen einen Freund

Ein kleiner Engel ist bei Nacht
allein im Himmel aufgewacht
und denkt bei sich ganz still:
„Ob keiner wohl mein Freund sein will?"

Schnell schlüpft er in sein Engelskleid.
Die Engelsflügel sind bereit.
Er sucht im Himmel hin und her,
ob irgendwo ein Freund wohl wär'.
Doch kann er keinen finden.

Ein großer Engel sieht ihn weinen
und schickt zum Trost für diesen Kleinen
ein Sternlein aus dem Himmelszelt,
das leuchtend auf die Erde fällt.

Der Lichtstrahl führt zu einem Haus.
Ein Kind schaut dort zum Fenster raus.
Das ist allein und fragt sich still:
„Ob keiner mich zum Freund wohl will?"

Der kleine Engel hat's vernommen.
Er ist ganz schnell zum Kind gekommen.
Das hat die Haustür aufgemacht
und seinen Engel angelacht:
„Schön, dass du mich gefunden."

Der große Engel lächelt mild.
Er stützt sich schwer auf Schwert und Schild,
muss ja im Himmel wachen,
doch hört er froh das Lachen,
als beide Kleinen leise tuscheln
und still vergnügt zusammen kuscheln.

Der Engelsblick

David war müde und zapplig zugleich. Den ganzen Tag
hatte er mit seinen Freunden Geburtstag gefeiert. Bei Felix
hatten sie die neue Playstation ausprobiert und bei Han-
nah mit den kleinen Kätzchen geschmust. Hinter dem Haus
bei Jonas' Oma durften sie in einer zerbeulten Zinkwanne
planschen und später mit Opa Justus in der Laubenpieper-
kolonie grillen.

„Einen schöneren Geburtstag gibt's nicht!", sagte David am
Ende und hüpfte vor Begeisterung auf dem Sofa, als ob es ein
Trampolin wäre.

Papa stand auf und setzte sich in den Sessel. „Jetzt ist es aber
genug", meinte er. „Du bist ja schwerer zur Ruhe zu bringen
als ein Sack Flöhe."

Mama lachte. „Er hat sich überfreut." Sie nahm David in den Arm. „Komm mal her, du Zappelphilipp. Lass dich mal ein bisschen knuddeln. Heute vor fünf Jahren warst du noch in meinem Bauch und wir haben uns beide mächtig angestrengt, damit du geboren wurdest."

„Ja, das war ganz schön anstrengend", nickte Papa. „Ich war auch dabei. Und dein Schutzengel ebenfalls, denn der ist immer dabei, wenn ein Kind geboren wird."

„Und warum?", fragte David in Mamas Arm.

„Weil jedes Kind einen eigenen Schutzengel hat", meinte Mama. „Er wohnt im Himmel bei Gott, bis das Kind geboren wird, das er für immer begleiten und beschützen soll."

„Woher weiß er, dass es das richtige Kind ist?"

Papa sah Mama an. „Woher weiß der Schutzengel das? Gute Frage."

„Gott sagt es dem Engel", erklärte Mama. „Er sagt zu ihm: ‚Da unten kommt gerade ein kleiner Junge zur Welt, der noch keinen Schutzengel hat. Fliege zu ihm und bleibe bei ihm, bis ihr beide eines Tages zu mir in den Himmel kommt.'"

David überlegte. „Haben Mädchen auch Schutzengel?"

„Klar", antwortete Papa. „Alle haben einen. Mädchen und Jungen und Erwachsene."

„Und was ist, wenn einer denkt, es gibt keine Schutzengel?", wollte David wissen.

„Dann", sagte Mama, „dann sind sie trotzdem da. Der betreffende Mensch hat nur andere Namen dafür. Wenn sein Schutzengel ihm geholfen hat, sagt der Mensch vielleicht:

‚Das war Zufall.' Oder: ‚Da habe ich aber mal Glück gehabt.'
Oder er denkt: ‚Gott sei Dank!' Oder vielleicht: ‚Wie gut,
dass alles nochmals gut gegangen ist.'"

„Und was machen Schutzengel?", bohrte David weiter.
Mama drückte David ein bisschen fester und gab ihm einen
kleinen Kuss auf die Wange. „Denk mal an heute Nachmit-
tag", sagte sie. „Als ihr euch so böse gezankt habt, weil Felix
keinen an seiner Playstation spielen lassen wollte und ihr
euch trotzdem wieder vertragen habt. Wie kam es denn, dass
ihr euch vertragen konntet?"

David rutschte ein wenig auf dem Sofa herum, ehe ihm die
passenden Worte einfielen. „Na ja, zuerst waren wir schon
sauer. Aber dann hat er gesagt, dass er Angst hat, dass wir
was kaputt machen. Und da musste ich an mein neues Auto
denken, das ich zum Geburtstag geschenkt bekommen habe.
Und da habe ich gedacht, dass ich das auch nicht gern her-
geben will, weil es mir keiner kaputt machen soll. Und dann
habe ich gesehen, dass er ja gar nicht richtig wütend war, weil
er nämlich bloß Angst hatte. Und da habe ich das verstanden,
warum er uns nicht spielen lassen wollte, und es den anderen gesagt. Dann war keiner mehr sauer und wir haben uns
wieder vertragen. Und auf einmal hat Felix sich doch getraut,
dass wir mit seiner Playstation spielen durften, und wir haben
alle ganz doll aufgepasst, dass nichts passiert."

„Siehst du", lächelte Mama. „Das nennt man den Engels-
blick. Dein Schutzengel hat dir erlaubt, alles mit seinen
Schutzengelaugen zu sehen. Das bedeutet, dass man dem

anderen in die Seele schauen und seine Gefühle erkennen und mit ihm fühlen und ihn von Herz zu Herz verstehen kann."

„Macht er das immer?", fragte David.

„Wenn es gut für dich ist, bestimmt", antwortete Papa.

„Und woher weiß er, was gut für mich ist?", überlegte David laut.

„Das ist das Schutzengelgeheimnis", sagte Mama und sah lächelnd zu, wie Papa das müde Geburtstagskind huckepack ins Bett trug.

© KERLE

in der Verlag Herder GmbH, Freiburg im Breisgau 2012

Alle Rechte vorbehalten

www.kerle.de

Umschlaggestaltung: ReclameBüro, München

Satz: Arnold & Domnick, Leipzig

Herstellung: fgb · freiburger graphische betriebe

www.fgb.de

Gedruckt auf umweltfreundlichem, chlorfrei gebleichtem Papier

Printed in Germany

ISBN 978-3-451-71128-2